Beginner's
BULGARIAN

GW00645012

Mariana Raykov
OF
EUROLINGUA

HIPPOCRENE BOOKS, INC.
New York

Beginner's
BULGARIAN

ACKNOWLEDGEMENTS

Deepest gratitude is hereby expressed to NACHO KHALACHEV of the BULGARIAN NEWS AGENCY for writing the article "Doing Business In Bulgaria".

Professor KATALIN BOROS of EUROLINGUA has been a continuing source of inspiration and encouragement. Without her this book wouldn't have been possible.

Special thanks are also due to RUTH BLOOMBERG for reading the draft of the manuscript and making helpful suggestions.

phenomenon of Bulgarian economic reform. For instance, while the country's inflation rate between January and June 1993 reached 34.6 %, the appreciation of the lev against the dollar dropped by approximately only 9 %.

The sale of public property is still a slow process. Nevertheless, the progress achieved in the privatization of Bulgaria's economy is significant, keeping in mind that until three years ago it was entirely state-owned, or state-sponsored. Due mainly to the restitution of real property and the release of the private initiative, in the middle of 1993 more than 50 % of the domestic trade, farming and services already belonged to the private sector. Bus transport, foreign trade and tourism are also privatized to a large extent. The most flagrant exception in this respect is industry, which continues to be more than 90 % state-owned. According to unofficial sources, about one third of the bank capital is privately-owned.

In the last three or four years the gross domestic product (GDP) has declined almost by half, but the hope is that the expanding private sector will help stop the decrease in economy by the end of this year and that a slight increase will be achieved in the year to come. This forecast, however, may not come true if Bulgaria does not receive compensations for her losses due to the UN embargo against Libya, Iraq and the former Yugoslavia; losses that already exceed US $ 4.5 billion and continue to grow.

ARTS AND CULTURE IN BULGARIA

May 24th is one of the most loved and cheerfully celebrated holidays in Bulgaria. The very existence of such a day, dedicated to the creators of the Slavonic script, Cyril and Methodius, speaks for itself. The word, written or spoken, is deeply respected in the country, for this is the only stronghold that has survived Bulgaria's historical vicissitudes, and by withstanding foreign invasions, bondages and influences has kept alive the national consciousness of the people. Very little of the country's material culture has been preserved, but happily there is enough written evidence to reconstruct its centuries-old civilization. In this sense, when speaking of Bulgaria's arts and culture, literature comes to mind as the most important and representative expression of the national creative spirit.

THE WRITTEN CULTURE

The invention of the Slavonic script in 855 was the starting point for the development and very soon after that - the flourishing of old Bulgarian literature. Its function was religious, following the general path of European Christian literature in the Middle Ages. The use of the vernacular language, however, was quite unusual and in this respect Bulgarian literature of that time had advanced farther than most of the other European literatures.

The 9th and 10th centuries were a period of cultural blossoming. The literary centers in Preslav and Ohrid became particularly important places for the creation and dissemination of old Bulgarian culture and literature. Cyril and Methodius' student and follower Kliment of Ohrid founded a school for Slavonic literacy in Kutmichevitza, southwestern Macedonia. A significant number of books and other texts, mostly of religious character, were translated into Bulgarian. It was namely through these Bulgarian translations that the other Slavic peoples learned the basics of Orthodox Christianity and obtained a knowledge of Byzantine law, literature and history. Bulgaria had become the cultural link between the Byzantine Empire and the Orthodox Slavic world.

In the 13th and 14th centuries, the interest towards secular readings grew and brought about the vigorous development of historical and fictional literary genres. The Turnovo literary school of the 14th century became the primary center for eastern and southern Slavic cultures.

Neither the Byzantine rule (1018-1186), nor the five-centuries-long Ottoman bondage (1396-1878) could extinguish the flame of the Bulgarian literary art. Particular emphasis should be placed on the role of the monasteries, especially during the years of the Turkish yoke, for sustaining the national spirit and culture. Small wonder that clergymen were the originators of modern Bulgarian literature. Paisii, a monk, wrote the "History of Slavs and Bulgarians" (1762), which is considered the first literary work of the Bulgarian Renaissance (also known as "the Bulgarian National Revival"), and a little later Sofronii, a bishop, created the first masterpiece of modern Bulgarian literature - his autobiography.

The national liberation movement of the mid-19th century was accompanied by increased literary activities, culminating in the work of Khristo Botev (1848-1876) - a poet, publicist and revolutionary, whose 20 poems are still the unquestionable peak of Bulgarian poetry.

Ivan Vazov (1850-1921) is a writer, who without any doubt deserves the title of "patriarch of

Bulgarian literature". He is the author who best captured the pathos of the Bulgarian National Revival, and whose enormous work, collected in 22 volumes, remains unsurpassed in size and diversity of genre. His novel "Under the Yoke", the poems from the "Epopee of the Forgotten" series, and the novella "The Outcasts", are among the masterpieces of Bulgarian literature.

The end of the 19th and especially the beginning of the 20th century was an epoch of unparalleled spiritual upheaval. As if in a hurry to make up for the lost time during the long years of foreign oppression, the intellectual elite of the nation quickly rose to the highest European standards. Leading figure of the period was the poet and critic Pencho Slaveykov (1866-1912), who together with the editor of the "Missl" ("Thought") magazine Dr. Krustyo Krustev (1866-1919), with the great master of dramatic poetry Peyo Yavorov (1877-1914), and the tender lyrical poet and playright Petko Todorov (1879-1916), formed the extremely influential literary circle "Missl". These four highly gifted, educated and charismatic personalities became the main proponents of the aesthetic and intellectual uplift of the nation, and for the creation of artistically significant literary works, at the same time advancing the principles of a Renaissance type of individualism.

Along with the traditional realism of Ivan Vazov and the modernism of Pencho Slaveykov, typical of the Bulgarian literature for the first half of the century was symbolism, with its main representatives: its pioneer Teodor Trayanov (1882-1945); the wistful poet Dimcho Debelyanov (1887-1916); the master of the most melodious Bulgarian verse Nikolay Liliev (1885-1960); the universalist (poet, fiction writer, artist, art critic, philosopher and translator) Nikolay Raynov (1889-1954).

Doubtlessly, one of the most important figures of this evolutionary process was Zakhari Zograph (1810-1853) - the first artist of the Bulgarian Renaissance. His enormous body of work includes: frescoes (especially famous are those in the Bachkovo Monastery, Rila Monastery, Preobrazhenski Monastery and Troyan Monastery), hundreds of icons, pencil and ink drawings, and portraits. His are the first self-portraits in Bulgarian painting.

In the middle of the 19th century, secular art finally gained ground with the appearance of artists educated in art schools and academies abroad. The most notable among them were: Stanislav Dospevski (1823-1877), Khristo Tsokev (1847-1883), Dimitar Dobrovich (1816-1905) and Nikolay Pavlovich (1835-1894).

Just as in literature, the end of the 19th and the first half of the 20th century saw the flowering of Bulgarian art. Painters and sculptors representing different trends and artistic ideas added to the diversified and highly stimulating cultural situation in the country. Tseno Todorov's psychologically intriguing portraits, the delicate impressionist paintings of Nikola Petrov, the romantically elevated rustic art of Vladimir Dimitrov (The Master), Tsanko Lavrenov's stylized images of monasteries and old Bulgarian towns, Zlatyu Boyadjiev's expressive landscapes and genre scenes à la Breughel, Konstantin Shturkelov's subdued watercolors, Boris Angelushev's caricatures, to name but a few, are part of Bulgaria's cultural treasure. Works by these and other important Bulgarian artists are on display in the major art galleries in Sofia, Plovdiv, Kyustendil (here is the best collection of The Master's canvases), and other towns.

Today there is a new generation of highly gifted artists, whose work is well known not only in Bulgaria but also abroad. Some of their paintings and sculptures can be seen in the numerous private galleries throughout the country.

MUSIC

The Bulgarians are considered a nation with a special talent for music. It would be more precise to say that they have a special gift for performing music. Well-known all over the world are: the recently deceased Boris Christoff, named bass number one of his time; and the wonderful Bulgarian opera singers Gena Dimitrova, Nikolay Giaourov, Rayna Kabaivanska, among others. The country's singing tradition is rooted in ancient mythology; the Rhodope Mountains are believed to be the birthplace of the mythological Thracian singer and musician Orpheus.

Also renowned are Bulgaria's best choir ensembles. Special notice should be made of the ensembles performing religious music. Let's not forget that the choir plays an important role in the Eastern Orthodox tradition. The performances of Sofia's Alexander Nevski Church Choir during Sunday or other holiday services are in effect free concerts, worth attending. World-famous is the Yoan Kukuzel Chamber Ensemble, which aims to popularize old Bulgarian music around the planet. The ensemble is named after the remarkable Bulgarian composer, singer and reformist of the Eastern Orthodox music, Yoan Kukuzel (14th century).

Traditional folklore is extremely important for Bulgaria's musical art. Not only because of the superb pieces and the expert performers of folk music, but also because most of the Bulgarian composers use elements of this music in their works. The performances of the folk ensembles Philip Kutev, Pirin and Trio Bulgarka are

Renting a Car

If you decide to overlook the parking problems, choosing instead the freedom of relying on your own vehicle, rent a car! You should be at least 21 years old and possess an international driver's license. It is necessary to present your passport at the rental-car office and write down your permanent address, as well as your temporary Bulgarian address.

You should also be aware of certain traffic law differences. Bulgaria's traffic rules are in compliance with the European standards. There are no four-way stops and no right turns on red. And bear in mind that you are not allowed to drive after drinking even the smallest amount of alcohol.

Speed limits are as follows: 60 kilometers (38 miles) per hour within a city limits (unless otherwise specified), 80 kilometers (52 miles) per hour on roads, 120 kilometers (75 miles) per hour on highways.

Buying **gasoline** (Bulg. бензин) is no longer a problem, as it used to be three or four years ago. The number of gas-stations (state-operated, privately owned and a third category - joint ventures with foreign companies) is considerable, but note that not all of them are open 24 hours. Gasoline is sold by the liter (1 US gallon = 3.78 liters) and you may choose from the following varieties (depending on the different levels of octane): A-96, A-93, A-93-H, A-86, and Diesel.

In Sofia there are a number of rental-car offices, the biggest one is Balkan Holidays Rent-a-Car, a Hertz Intl. Franchise. Address of the Head Office: 41 Vitosha Blvd, 1000 Sofia. Telephone: 83-28-68.

SHOPPING

Shopping can be fun even in Bulgaria these days. Don't try to find a shopping mall, however! There are no malls in Bulgaria. Most of the shops are small and are recent products of political and economic freedoms given to the private sector. Some of them are just somebody's garage turned into a store. A typical scene includes street vendors - you can spot them everywhere. As a rule, the biggest shopping centers are in the downtown areas. In Sofia the principal shopping streets are Vitosha Boulevard, Slaveykov Square, Graf Ignatiev Street and Vassil Levski Boulevard. The imported goods are predominantly of Greek, Turkish and Arab origin.

Some specifically Bulgarian **foods** are white cheese (similar to feta cheese but milder), *kashkaval* (a type of sharp yellow cheese), and *lukanka* (dry spicy sausage). In the meat departments you will find a lot of pork throughout the year, while in spring lamb is the favorite item. Generally, there is not a big selection of fishes.

The local beer is not very good, but the wines are famous. And don't forget that Bulgaria is the native country of yogurt. A glass of *airan* (plain yogurt, blended with water) and a piece of *banitsa* (puff pastry), or a *millina* (a kind of pie with various fillings) can make a perfect light meal. If you want some really fresh fruits and vegetables, go to one of the farmers' markets - there are plenty of them.

Nowadays it is possible to find some very fine and fashionable **clothes** there, especially in the capital. Bulgaria's fashion designers are gaining higher and higher international reputation. Their shows in Paris, Madrid, London

Police: 166
Ambulance: 150
Fire Brigade: 160
Traffic Police: 165
National Bank of Bulgaria:
            85-51 (switchboard)
Bulgarian Foreign Trade Bank:
            85-52 (switchboard)
Telegram Services: 170
Sofia Airport, Information:
            45-11-13 (international flights)
            72-24-14 (domestic flights)
Ministry of Foreign Affairs: 88-51-61
Interbalkan: 87-09-95 (booking of tickets and
                        hotel reservations)
Bulgarian Chamber of Commerce and Industry:
            87-26-31
Interpred (World Trade Center): 46-46-46

THE BULGARIAN LANGUAGE

Bulgarian is a member of the Slavic language subfamily, which is a branch of the large Indo-European family of languages. It bears close similarities to the other Slavic tongues in both vocabulary and grammar, but its resemblance to Russian, Ukranian, Belorussian and Serbian is especially conspicuous, since they all share a common alphabet, Cyrillic. It should be noted here that after the death of the creators of the Cyrillic alphabet, the brothers Cyril and Methodius, it was namely in Bulgaria that their students - Kliment (the most prominent among them), Naum, Sava, Gorazd, and Angelarii developed and popularized the modified version of the Cyrillic alphabet which, with some slight differences, is used today.

Irrespective of all the features classifying it as a Slavic language, Bulgarian has its own specific characteristics that differentiate it from the other members of this linguistic division and make it particularly interesting for the Slavic scholars. Undoubtedly, this interest is strengthened by the fact that modern Bulgarian is the direct heir to the classical for the Slavic world Old Church Slavonic language.

Unlike all other Slavic tongues, modern Bulgarian lacks the case-marking system, i.e. the grammatical function of a noun, a pronoun or an adjective is not indicated by changes of inflection. Instead, prepositions are used, just as in modern English. Also unlike all other Slavic languages, during its centuries-long historical development Bulgarian has acquired a new grammatical category - the definite article of nouns, appearing in the form of a suffix, added to the stem. At the same time, adjectives and adverbs form their comparatives and superlatives in an analytical manner, by means of word-particles.

Typical of Bulgarian is the rich and complicated system of verb tenses, which is not found in any other Slavic language. Note also that the infinitive form of the verb has disappeared and has been replaced by a complex construction, consisting of the conjugated forms of the verb in the present tense preceded by the particle **да** (Ex. **to go** - **да отида**). Verbs are looked up in the dictionary under the form for the first person singular, present tense, which is also called the basic form of the verb.

The accent in Bulgarian is free. It may fall on any syllable and its position in a word has to be learned along with learning the meaning of this word. This is a major difference from such Slavic languages as Polish for instance, where as a rule the accent falls on the next-to-the last syllable, or Czech, where the accent falls on the first one.

Generally speaking, over the centuries the Bulgarian language has evolved from synthetism (at the time of Cyril and Methodius, and their students) towards analytism. Today, syntactic relationships are expressed by function words and changes of position rather than by inflected forms.

LANGUAGE LESSONS

THE BULGARIAN ALPHABET

А а   as the **a** in father

Б б   as the **b** in but

В в   as the **v** in verb

Г г   as the **g** in go

Д д   pronounced like the **d** in dog, but less intensely

Е е   as the **e** in elk

Ж ж   similar to a **zh** sound as the **g** in giraffe

З з   as the **z** in zero

И и   as the **i** in if

Й й   as the second sound of the diphthong "ay" in May; always comes after a vowel

К к   as the **k** in kitchen

Л л   a harder version of the **l** in letter

М м   as the **m** in mother

Н н   as the **n** in November

О о   a shorter version of the **o** in north

П п   as the **p** in paper

Р р   a harder version of the **r** sound, pronounced by rolling the top of the tongue

С с   similar to the **s** in sister

Т т   pronounced like the **t** in total, but less intensely

У у   as the **oo** in fool, but not drawled

Ф ф   as the **f** in five

Х х   an aspirate version of the **h** sound in hotel

Ц ц   as the **ts** in tsunami

Ч ч   as the **ch** in chair

Ш ш   as the **sh** in shoe

Щ щ   a complex sound, composed of the Bulgarian ш and т **(sht)**

Ъ ъ   a shorter version of the **u** in urge

Ь ь   this letter doesn't correspond to a separate sound; it always comes after a consonant, indicating that this consonant should be pronounced in a soft manner

Ю ю   a complex sound, composed of the Bulgarian й and у

Я я   a complex sound, composed of the Bulgarian й and а

Notes:

1. When pronouncing the consonants of the Bulgarian alphabet by themselves (i.e. not in

words), you add the sound ъ [û]. For instance – бъ, въ, гъ, etc.

2. The Bulgarian letter й does not have a name of its own. It is called in a descriptive manner – и кратко (meaning "short i").

3. The letters ъ and ь are also described rather than named – ер голям and ер малък, respectively (meaning big "ер" and small "ер").

Exercises

1. Phonetically spell the Bulgarian words: баща (father), сирене (cheese), куфар (suitcase), град (city), кола (car), майка (mother), страница (page), мъж (man), улица (street), книга (book), самолет (airplane).

PRONUNCIATION GUIDE

VOWELS

There are six vowels in modern Bulgarian and all six are short. Depending on the place in the mouth where they are formed, the vowels are:

front	middle	back
e и	а ъ	о у

There is still another classification, based on how widely open the mouth is when pronouncing a given vowel:

wide	narrow
а e о	ъ и у

The letters ю, as in юг (south), and я, as in ябълка (apple), do not designate separate vowels, but express in writing the combination of й+а (ю) and й+а (я).

Generally, Bulgarian sounds the way it is written. The unaccented wide vowels, however, are heard very much like their corresponding narrow ones according to the following pattern:

vowel	а e о
heard as	ъ и у

The vowels reduction is acceptable only in the spoken and never in the written language.

Very typical for the Bulgarian language is the so-called променливо я (variable я). In the different forms of some words (note that not every я is variable) the sound я alternates with е . The general rule is that я remains unchanged if accented or not followed by a soft syllable

44

(i.e. a syllable containing the vowels е or и). In all other cases it becomes е: мляко (milk), but млечен ("milk" the adjective, as in "milk products"), etc. The reasons for this phenomenon could be found in the historical development of the language.

CONSONANTS

In Bulgarian, the consonants are much more numerous than the vowels. With some slight exceptions (see the Alphabet), they are pronounced as their respective consonants in English.

б	бебе	[bebe]	baby
в	вяра	[vyara]	faith
г	гара	[gara]	railroad station
д	дядо	[dyado]	grandfather
ж	жена	[zhena]	woman
з	зелен	[zelen]	green
й	йод	[yod]	iodine
к	клон	[klon]	branch
л	лимон	[limon]	lemon
м	море	[more]	sea
н	небе	[nebe]	sky
п	поле	[pole]	field
р	роса	[rosa]	dew
с	стена	[stena]	wall
т	топка	[topka]	ball
ф	филм	[film]	movie
х	хляб	[hlyab]	bread
ц	цена	[tsena]	price
ч	чист	[chist]	clean
ш	шепот	[shepot]	whisper
щ	щастие	[shtastye]	happiness
ь	синьо	[sinyo]	blue

Note that й (и кратко) is a consonant as opposed to the regular и, which is a vowel.

In addition to the above consonants there are two more, that are written with two letters each (i.e. one sound - two letters):

| дз | дзън | [dzûn] | the sound of a chime |
| дж | джоб | [dzhob] | pocket |

There are six pairs of voiced/voiceless consonants - a classification based on the presence or absence of sound when pronouncing the respective consonant:

voiced	б	в	г	д	ж	з
voiceless	п	ф	к	т	ш	с

In the end of a word or when preceding a voiceless consonant the voiced consonant is pronounced like the corresponding voiceless:

	written	**pronounced**
б/п	хляб (bread)	хляп [hlyap]
в/ф	всеки (everybody)	фсеки [fseki]
г/к	праг (threshold)	прак [prak]
д/т	над (over)	нат [nat]
ж/ш	виж! (look!)	виш [vish]
з/с	изкуство (art)	искуство [iskustvo]

Again, as in the case with the vowels reduction, these are changes that occur in the spoken, but not in the written language.

USEFUL VOCABULARY

Greetings

Добро утро.	Good morning.
Добър ден.	Good afternoon.
Добър вечер.	Good evening.

Здравей. / Здрасти.	Hello. / Hi.
Довиждане. / Сбогом.	Good bye. / Farewell.
До утре.	See you tomorrow.
Лека нощ.	Good night.

The Parts of the Day

ден	day
сутрин, утро	morning
обед	noon
следобед	afternoon
вечер	evening
нощ	night

The Days of the Week

седмица	week
понеделник	Monday
вторник	Tuesday
сряда	Wednesday
четвъртък	Thursday
петък	Friday
събота	Saturday
неделя	Sunday

The listing of the days of the week starts with Monday, and their names begin with small letters.

The Months

месец	month
януари	January
февруари	February
март	March
април	April
май	May
юни	June
юли	July
август	August

септември	September
октомври	October
ноември	November
декември	December

The names of the months also begin with small letters.

The Seasons

сезон	season
пролет	spring
лято	summer
есен	fall
зима	winter

The Four Directions

посока	direction
изток	east
запад	west
север	north
юг	south

The Numbers

едно	one	първи	first
две	two	втори	second
три	three	трети	third
четири	four	четвърти	fourth
пет	five	пети	fifth
шест	six	шести	sixth
седем	seven	седми	seventh
осем	eight	осми	eighth
девет	nine	девети	ninth
десет	ten	десети	tenth

Telling the Time

Колко е часът?	What time is it?
(Часът е) пет.	It is five o'clock.
(Часът е) пет и половина.	It is five thirty.
(Часът е) пет без десет.	It is ten to five.
(Часът е) пет и четвърт (петнайсет).	It is quarter past five (five fifteen).

ПЪРВИ УРОК: ЗАПОЗНАВАНЕ

В САМОЛЕТА

В самолета от Ню Йорк за София две семейства седят на един и същ ред.

Иван: Извинете, това не са ли вашите очила? Там, на пода.

Мария: Благодаря. Какъв късмет, че не са се счупили!

Иван: За първи път ли отивате в София?

Мария: И двамата сме родени в София, но от тридесет и пет години живеем в Америка.

Лили: Имате ли все още роднини в България?

Петър: Не, нямаме. Отиваме по работа, но искаме и да разгледаме страната. Позволете ми да се представя. Казвам се Петър Илиев, а това е жена ми Мария.

Иван: Иван Ангелов, а това е жена ми Лили. Ние живеем в София. Сега се връщаме от екскурзия в Америка.

Мария: Какво работите?

Иван: Лили е учителка, а аз съм лекар. Ами вие?

Петър: Мария работи в една банка, а аз продавам компютри заедно със сина си. Вие имате ли деца?

Лили: Да, син и дъщеря. И двамата са ученици в отделенията. Сега са при баба си.. Сигурно ни чакат на летището.

Мария: Вижте! Вече кацаме!

LESSON ONE: MEETING PEOPLE

ON THE AIRPLANE

On the plane from New York to Sofia two couples are sitting in the same row.

Ivan: Excuse me, aren't these your glasses? There, on the floor.

Maria: Thank you. What luck they didn't break.

Ivan: Is this your first trip to Sofia?

Maria: No, we were both born there, but for the last thirty-five years we've lived in America.

Lilly: Do you still have relatives in Bulgaria?

Peter: No, we don't. We are going on business, but we'd like to see more of the country. Let me introduce myself. My name is Petur Iliev and this is my wife Maria.

Ivan: I'm Ivan Angelov and this is my wife Lilly. We live in Sofia. Now we are coming back from a trip to America.

Maria: What do you do for a living?

Ivan: Lilly is a teacher and I am a doctor. How about you?

Peter: Maria works in a bank and I sell computers with my son. Do you have any children?

Lilly: Yes, a son and a daughter. They both go to elementary school. They are staying with their grandmother now. I'm sure that they are all waiting for us at the airport.

Maria: Look, we are already landing!

LESSON ONE: VOCABULARY

първи	first
урок (м.р.)*	lesson
запознаване (ср.р.)	meeting people, introduction
в	in
самолет (м.р.)	airplane
от	from, for
за	for, to
две	two
семейство (ср.р.)	family, married couple
седя	to sit
на	in, on
един и същ	the same
и	and
ред (м.р.)	row
това	this
ваши (мн.ч.)	your (pl.)
очила (мн.ч.)	glasses
там	there

---

* The abbreviations in brackets, added to the Bulgarian nouns in the vocabulary, designate their gender: (м.р.) stands for мъжки род (masculine), (ж.р.) - for женски род (feminine), and (ср.р.) - for среден род (neuter). With the exception of proper names, all Bulgarian nouns have gender. The abbreviation (мн.ч.) stands for множествено число (plural).

под (м..р.)	floor
какъв	what
късмет (м.р.)	luck
че	that
счупя (се)	to break
път (м.р.)	time; road
отивам	to go
и двамата	both
роден съм	to be born
но	but
тридесет и пет	thirty-five
година (ж.р.)	year
сега	now
имам	to have
все още	still
роднини (мн.ч.)	relatives
не	no
нямам	to not have
по работа	on business
искам	to want
разгледам	to see, to look around
страна (ж.р.)	country
казвам се	my name is
а	and
жена (ж.р.)	woman, wife
ми	my
връщам се	to come back

екскурзия (ж.р.)	trip
работя	to work
учителка (ж.р.)	(woman) teacher
лекар (м.р.)	doctor
една	a, one
банка (ж.р.)	bank
аз	I
продавам	to sell
компютър (м.р.)	computer
заедно	together
с/със*	with
син (м.р.)	son
вие	you (plural)
дете (ср.р.)	child
дъщеря (ж.р.)	daughter
ученик (м.р.)	student
в отделенията	in elementary school
при	with, at
баба (ж.р.)	grandmother
сигурно	surely, probably
ни	us
чакам	to wait
летище (ср.р.)	airport

---

* The preposition с becomes з when preceding a word beginning with a с or з - със сина си. The same rule appies to another preposition - в which becomes във in front of a word beginning with a в or ф.

| вече | already |
| кацам | to land |

EXPRESSIONS

Извинете!	Excuse me!
Благодаря!	Thank you!
Позволете ми да се представя.	Let me introduce myself.
Какво работите?	What do you do for a living?
Ами вие/ ти?	How about you?
Вижте!	Look!

MORE WORDS AND EXPRESSIONS

Семейство — Family

съпруг (м.р.)	husband
съпруга (ж.р.)	wife
родители (мн.ч.)	parents
майка (ж.р.)	mother
баща (м.р.)	father
брат (м.р.)	brother
сестра (ж.р.)	sister
дядо (м.р.)	grandfather
внук (м.р.)	grandson
внучка (ж.р.)	granddaughter
чичо (м.р.)	uncle

леля (ж.р.)	aunt

Запознаване

Познавате ли се?	Have you met?
Да, разбира се.	Yes, of course.
Мисля, че не.	No, I don't think so.
Как се казвате ?	What's your name?
Откъде сте?	Where are you from?
Българин ли сте?	Are you Bulgarian?
Не, американец съм.	No, I'm American.
Говорите ли английски?	Do you speak English?
Аз не говоря български.	I don't speak Bulgarian.
Мога ли да ви представя на ...	May I introduce you to ...
Бих искал да ви запозная с ...	I'd like you to meet...
Запознайте се с ...	Meet ...
Приятно ми е.	Pleased to meet you.
Беше ми приятно да се запознаем.	It was nice meeting you.

Meeting People

LESSON ONE: GRAMMAR

A. The Personal Pronouns (Лични местоимения)

	Singular	Plural
1st p.	аз (I)	ние (we)
2nd p.	ти (you)	вие (you)
3rd p.	той/тя/то (he/she/it)	те (they)

In sentences the personal pronouns are usually omitted, since the ending of the verb makes it clear who does the action. Note that there are different forms for the second person singular and second person plural. In addition to being used for the second person plural, вие and the respective verb form should replace ти (and the respective verb form) when we are addressing a person we don't know or want to be polite to. This is the polite form of address.

B. Present Tense of the Verb "To Be" (Сегашно време на глагола "съм")

Affirmative

Аз съм българин.	I am Bulgarian.
Ти си българин.	You are Bulgarian.
Той (тя, то) е българин (-ка,-че).	He (she, it) is Bulgarian.
Ние сме българи.	We are Bulgarian.
Вие сте българи.	You are Bulgarian.
Те са българи.	They are Bulgarian.

If the personal pronoun is omitted and the verb "to be" is followed by a direct object, an inversion occurs – the direct object and the predicate change places: Аз съм българин. - Българин съм.

The **negative** of the verb "to be" is formed by inserting the particle не between the personal pronoun and the conjugated verb: Аз не съм българин.

57

(I'm not Bulgarian.) Note that in the negative, the direct object and the predicate do not change places if the personal pronoun is omitted: Аз не съм българин. - Не съм българин.

The **interrogative** is formed by inserting the particle ли between the personal pronoun and the conjugated verb: Аз ли съм българин? (Am I Bulgarian?) If the personal pronoun is omitted, the above-mentioned inversion takes place: Аз ли съм българин? - Българин ли съм?

C. The Demonstrative Pronouns "this/that"
(Показателните местоимения "това/онова")

There are several examples of the demonstrative pronoun това in the dialogue:

Това не са ли вашите очила?   Aren't these your
                                            glasses?

(Note the negative-interrogative form of the verb "to be" - не са ли, making use of both function words не and ли.)

Това е жена ми Мария.   This is my wife Maria.
Това е жена ми Лили.   This is my wife Lilly.

Това is one of the much utilized words in the Bulgarian speech. In addition to being used as a demonstrative pronoun, it may also substitute other words or whole phrases. When speaking of an object, which is far from us, we use the demonstrative pronoun онова, i.e. the Bulgarian correlation това/онова corresponds to the English **this/that**.

D. I Was Born/You Were Born (Роден съм / Родени сме)

The Bulgarian language (as opposed to English) uses the present tense of the verb "to be" in this construction: Аз съм роден (I was born), Ти си роден (You were born),... Ние сме родени (We were born), etc.

Exercises

1. Translate the sentences:

a) I was born in Sofia.
b) Maria is a woman.
c) We are at the airport.

2. Turn the affirmative present tense of the verb "to be" in the following sentences into negative. Turn into interrogative. Phonetically spell each sentence.

a) Аз съм учителка.
b) Това е София.

3. Try to introduce yourself.

ВТОРИ УРОК: ГРАНИЧЕН КОНТРОЛ

ПАСПОРТНА ПРОВЕРКА

Мария, Петър, Иван и Лили са на летището в София.

Иван:	Ето там можете да си вземете багажа, но най-напред е паспортната проверка.
Петър:	Много ви благодаря.
Служител:	Добро утро. Ако обичате, вашите паспорти? Имената ви са български. Говорите ли езика?
Петър:	Да, разбира се. Ние сме родени тук.
Служител:	Колко време ще останете и къде ще отседнете?
Мария:	Две седмици. Ще отседнем в хотел "Витоша".
Служител:	Благодаря. Моля, след като си вземете багажа, отидете на митницата.

МИТНИЦА

Служител:	Добро утро. Имате ли нещо да декларирате?
Петър:	Нямаме. Донесли сме само някои дребни подаръци.
Служител:	Мога ли да видя този куфар?
Петър:	Разбира се. Заповядайте!
Служител:	Всичко е наред. Благодаря. Желая ви приятно прекарване в България. Довиждане!

LESSON TWO: CUSTOMS

PASSPORT

Maria, Peter, Ivan and Lilly are at Sofia Airport.

Ivan: You can pick up your luggage over there, but first you have to pass the passport control.

Peter: Thank you so much.

Officer: Good morning. May I see your passports, please? You have Bulgarian names. Do you speak the language?

Peter: Of course! We were born here.

Officer: How long will you be here and where are you going to stay?

Maria: We are going to stay at Vitosha Hotel for two weeks.

Officer: Thank you. Please, pick up your luggage and go to the customs.

CUSTOMS

Officer: Good morning. Do you have anything to declare?

Peter: No, we've brought only some small gifts.

Officer: May I see this suitcase?

Peter: Of course. Here you are.

Officer: Everything is all right, thank you. Have a nice time in Bulgaria. Good bye!

LESSON TWO: VOCABULARY

втори	second
граничен	border (adj)
граница (ж.р)	border (n.)
контрол (м.р.)	control
паспортен	passport (adj)
проверка (ж.)	check-up
ето там	over there
мога	can, may
вземам	to take, to pick up
багаж (м.р)	luggage
най-напред	first(ly)
служител (м.р.)	employee, officer
паспорт (м.р.)	passport (n.)
име (ср.р)	name
ви	your (pl.)
български	Bulgarian (adj.)
говоря	to speak
език (м.р.)	language, tongue
да	yes
тук	here
остана	to stay
къде	where
отседна	to stay at
седмица (ж.р.)	week
хотел (м.р.)	hotel

след като	after
митница (ж.р.)	customs
нещо	something
декларирам	to declare
донеса	to bring
само	only
някои (мн.ч.)	some
дребен	small
подарък (м.р.)	gift
видя	to see
куфар (м.р.)	suitcase
желая	to wish

EXPRESSIONS

Много ви благодаря./ Благодаря.	Thank you very much./ Thank you.
Добро утро.	Good morning.
Ако обичате …	Please... Could you please...
Разбира се.	Of course.
Колко време…	How long ...
Моля …	Please .../ You are welcome.
Мога ли … ?	May I ...?
Заповядайте!	Here you are!/ Here is/are!
Всичко е наред.	Everything is all right.
Приятно прекарване!	Have a nice time!
Довиждане.	Good bye.

MORE WORDS

Свързани с времето	About Time
сутрин (ж.р.)	morning
обед (м.р.)	noon
следобед (м.р.)	afternoon
вечер (ж.р.)	evening
нощ (ж.р.)	night
вчера	yesterday
днес	today
утре	tomorrow
сутринта	in the morning
по обяд	at noon
вечерта	in the evening
довечера	tonight
сноши	last night
утре вечер	tomorrow night
преди малко	a short while ago
след малко	in a short while
скоро	soon
отдавна	a long time ago/ for a long time
следващата седмица (ж.р.)	next week
следващия месец (м.р.)	next month
догодина	next year

LESSON TWO: GRAMMAR

A. Nouns. (Съществителни.) **Endings for Masculine, Feminine and Neuter Nouns** (Окончания за мъжки, женски и среден род)

Bulgarian nouns have gender and number, as well as the grammatical category of the definite article.

Gender is a feature, inherited from the Old Bulgarian, and it is also typical of the other Slavic languages. There are some general rules concerning the gender of nouns, but at the same time a lot of exceptions exist, so it is a good idea to learn the gender along with learning the meaning of the word itself.

Generally, the gender of a noun depends on:

a) the natural sex of the person or animal denoted. Mind that the little ones of people and animals are of the neuter gender.

жена (ж.р.)	woman	мечка (ж.р.)	she-bear
мъж (м.р.)	man	мечок (м..р.)	he-bear
дете (ср.р.)	child	мече (ср.р.)	baby bear

b) the ending of the noun.

Feminine nouns usually end in -a or -я: работа (work), страна (country), банка (bank), проверка (check-up), etc.

Masculine nouns usually end in a consonant: самолет (airplane), син (son), паспорт (passport), багаж (luggage), etc.

Exceptions: вечер (evening) ends in a consonant, but is feminine.

Neuter nouns usually end in -o or -e: момче (boy), писмо (letter), летище (airport), име (name), etc.

If the noun indicates a person and there is a contradiction between its ending and the person's sex, normally the gender is determined by the sex: баща (father) and съдия (judge) are masculine nouns, irrespective of the endings **-a** and -я, as well as дядо and чичо are masculine, despite the ending -o. One of the exceptions is the noun момиче (girl), the gender of which is determined by the ending -e and not by the sex of the person denoted. Besides, a girl is somebody's little one and this fact also classifies the noun as neuter.

Gender is a constant feature, but masculine nouns, referring to persons, may be changed into feminine by means of the suffix -ка - to signify the female person of the same qualities: лекар (doctor) - лекарка (woman doctor); учител (teacher) - учителка (woman teacher), etc. Besides, they may be changed into neuter if the suffix -че is added to them: българин (Bulgarian, a man) - българка (Bulgarian, a woman) - българче (Bulgarian, a child).

B. Plural of Nouns (Множествено число на съществителните имена)

Feminine nouns usually form their plural by dropping the ending for the singular form and adding the suffix -и: жена (woman) - жени; баба (grandmother) - баби ; стая (room) - стаи, etc. One of the exceptions is the word ръка, having the plural form ръце.

Polysyllabic masculine nouns form their plural by adding the suffix -и: лекар (doctor) - лекари; паспорт (passport) - паспорти; полицай (policeman) -

полицаи, etc. Exceptions: чичо (uncle) - чичовци;
център (center) - центрове; човек (man, person) - хора
(people), etc. Note that the plural of българин
is formed by dropping the ending -ин and then
adding the usual plural suffix -и: българин -
българи. Other typical cases of phonetic changes
are: американец (American) - американци; театър
(theater) - театри; хирург (surgeon) - хирурзи;
подарък (gift) - подаръци, etc.

Monosyllabic masculine nouns form their plural
mainly by adding the suffixes -ове and -еве: град
(town) - градове; плод (fruit) - плодове; etc.
However, among other exceptions, the plural of
ден (day) is дни and of брат (brother) - братя.

Neuter nouns form their plural by dropping the
singular neuter ending and adding most often the
suffixes -а or -я: село (village) - села; лице
(face) - лица; събитие (event) - събития; etc. Other
possible endings are -ена, -ета and -и : име
(name) - имена; море (sea) - морета; животно (animal)
- животни; etc. In some cases changes of the
consonant, preceding the singular ending, are
involved: дете (child) - деца, etc.

C. The Verbs имам/нямам

Note that in Bulgarian the verb имам (to have)
does not have a negative form. Instead, the non-
availability of something is expressed by a
separate verb - нямам (to not have). Both verbs
are also used in the cases when the English
constructions "there is" or "there isn't" (or
their variations) are necessary.

На летището има много хора.   There are a lot of
                               people at the airport.
На летището няма много хора.   There aren't many
                               people at the airport.

Exercises

1. Form the plural of the nouns: проверка, утро, време, хотел, митница, куфар. Explain the endings.

2. Change the singular form of the nouns in brackets into plural:

a) След две (седмица) те се връщат в Америка.
b) Той има (брат) и (сестра) в София.
c) Днес много (жена) работят.

3. Translate the sentences:

a) There is a Bulgarian couple on the plane.
b) There aren't many children in the street.
c) There are two airports in Denver.

ТРЕТИ УРОК: ДА ВЗЕМЕМ ТАКСИ !

Семейство Ангелови се срещат с децата си и с майката на Лили на изхода.

Дъщеря: Как пътувахте, мамо?

Лили: Чудесно. В самолета се запознахме с едно много симпатично семейство. Следващата седмица са у нас на вечеря.

Иван: Хайде да тръгваме. Елате да вземем такси.

Няколко таксита чакат клиенти.

Шофьор: Добро утро. Закъде пътувате?

Иван: Улица "Незабравка" номер 15. Квартал "Изгрев". Знаете ли къде е това?

Шофьор: Да, при парк-хотел "Москва". Мисля, че ще ви трябват две таксита. Багажът ви е много, а и пет човека не могат да се качат в една кола.

Иван: Прав сте. Лили, вие четиримата се качете заедно. Ще
се видим вкъщи..

Таксито на Иван завива по улица "Незабравка".

Иван: Слава богу, че нямаше голямо движение. Ако обичате спрете тук, това е нашата къща. Колко ви дължа?

Шофьор: Петдесет и пет лева. Не гледайте брояча. Не показва правилно.

Иван: Заповядайте седемдесет. Задръжте рестото.

Шофьор: Благодаря. Приятен ден.

Иван: И на вас. Довиждане.

LESSON THREE: LET'S TAKE A TAXI!

The Angelovs meet their children and Lilly's mother at the exit.

Daughter: How was your flight, Mom?

Lilly: It was perfect. We met a very nice couple on the plane. They will come to dinner next week.

Ivan: Let's go. We have to find a taxi.

Four or five taxis are waiting at the cabstand.

Driver: Good morning. Where would you like to go?

Ivan: 15 Nezabravka Street. The Izgrev district. Do you know where is it?

Driver: Yes, close to Park-Hotel Moskva. I think you will need two taxis. You have too much luggage and five people can't fit in one car.

Ivan: You are right. Lilly, the four of you go together. See you at home.

Ivan's taxi makes a turn on Nezabravka Street.

Ivan: Thank God there wasn't much traffic. Could you please stop here, this is our house. How much is it?

Driver: Fifty-five leva. Don't look at the meter. It doesn't show the right amount.

Ivan: Here you are - seventy leva. Keep the change.

Driver: Thank you. Have a nice day.
Ivan: You too. Good bye!

LESSON THREE: VOCABULARY

трети	third
такси (ср.р.)	taxi
срещам (се)	to meet
изход (м.р.)	exit
как	how
пътувам	to travel
мамо!	Mom!
чудесно	splendid, perfect
запозная (се)	to meet, to get to know (s.b.)
много	very, very much
симпатичен	nice
у нас	at home
вечеря (ж.р.)	dinner
няколко	several
чакам	to wait
клиент (м.р.)	customer
шофьор (м.р.)	driver
закъде	where to
улица (ж.р.)	street
номер (м.р.)	number
квартал (м.р.)	district
зная/знам	to know
мисля	to think
пет	five

кола (ж.р.)	car
четирима	four persons
заедно	together
завивам	to turn
по	on, along
голям	big
движение (ср.р.)	traffic, movement
спирам	to stop
наш	our
къща (ж.р.)	house
петдесет и пет	fifty-five
гледам	to look
брояч (ср.р.)	ticking meter
показвам	to show
правилно	right
седемдесет	seventy

Note:

In Bulgarian there are two ways of expressing phrases like "the Angelovs" - семейство Ангелови, or simply Ангелови.

EXPRESSIONS

Да вземем такси!	Let's take a taxi!
Хайде да тръгваме!	Let's go.
Елате ...	Come ...
Ще ви трябват...	You will need ...

Прав сте.	You are right.
качвам се в кола, автобус,	to get on a car, bus,
трамвай, влак, самолет	tram, train, plane
Ще се видим вкъщи.	See you at home.
Слава богу …	Thank god ...
Колко ви дължа?	How much is it?
Заповядайте …	Here you are .../ Here
	is (are)...
Задръжте рестото.	Keep the change.
Приятен ден!	Have a nice day!
И на вас.	You too.

MORE WORDS AND EXPRESSIONS

Транспорт	Transportation
билет (м.р.)	ticket
билет с намаление	discount ticket
билет отиване и връщане	round trip ticket
карта (автобусна, трамвайна,	pass
и т.н.) (ж.р.)	
билетно гише (ср.р.)	ticket window
пътническо бюро (ср.р.)	travel agency
автобусна (трамвайна) спирка	bus (tram) stop
(ж.р.)	
железопътна (авто) гара (ж.р.)	railroad (bus) station
Влакът пристига на централна	The train arrives at

гара	the main station.
Кога пристига влакът?	What time does the train arrive?
Кога тръгва?	What time does it leave?
Самолетът има закъснение.	The flight has been delayed.
пристигане (ср.р.)	arrival(s)
заминаване (ср.р.)	departure(s)
чакалня (ж.р.)	waiting room
разписание (ср.р.)	timetable
информация (ж.р.)	information (office)
вътрешен полет	domestic flight
международен полет)	international flight
стюардеса (ж.р.)	flight attendant

LESSON THREE: GRAMMAR

A. Nouns (2). The Definite Article (Определителен член)

Bulgarian is the only Slavic language having the feature of the definite article of nouns, proper names excluded. Note that there is no indefinite article.

The definite article, used to indicate a known or visible object, is not a separate particle as in English, but a suffix which is added to the noun. This suffix depends on the ending of the word.

1. Singular Nouns

a) Nouns, ending in -a or -я get the suffix -та, irrespective of their gender: жена (ж.р.) (woman) – жената; баща (м.р.) (father) – бащата.

b) Nouns, ending in -о or -е, and generally all neuter nouns, irrespective of their ending, get the suffix -то: дете (child) – детето; дърво (tree) – дървото; семейство (family) – семейството; дядо (grandfather) – дядото, etc.

c) Nouns, ending in a consonant, get the suffix -а or -я, if they are masculine: изход (exit) – изхода; лекар (doctor) – лекаря; and the suffix -та, if they are feminine: вечер (evening) – вечерта.

Note: Depending on their syntactical function, consonant-ending masculine nouns may get the short or the full form of the definite article. The subject of the sentence gets the full form: -ът or -ят. In all other cases the short form (-а or -я) is used.

Самолетът каца.   The plane is landing.
Те се запознават в самолета.   They meet on the plane.

2. Plural Nouns

a) nouns, ending in -и or -е in the plural, acquire the suffix -те, irrespective of their gender: жени - жените; бащи - бащите; изходи - изходите; лекари - лекарите, etc.

b) nouns, ending in -а or -я in the plural, get the suffix -та, irrespective of their gender: деца - децата; семейства - семействата, etc.

B. Adjectives (Прилагателни)

All adjectives agree in gender and number with the noun they define. If needed, they get the definite article instead of the noun.

Следващата седмица са у нас на вечеря.

In this example from the dialogue the adjective следващата (next) is singular and feminine - just like the noun седмица it defines. It also takes the definite article, the suffix -та, which is needed by the noun.

The masculine form of the adjective is considered the basic (or simple) one. This is the form that is given in the dictionaries.

Generally, the **masculine form** ends in a consonant (симпатичен, паспортен, etc.), or in -и as in български.

The **feminine form** always ends in -а, or -я: симпатична, паспортна, българска, etc.

The **neuter form** ends in -о: симпатично, etc.

The suffix for the **plural form** of all adjectives, irrespective of the gender, is -и: симпатични, etc.

C. Reflexive Verbs (Възвратни глаголи)

The verbs се срещат, се запознахме, се качат from the dialogue express a situation in which the action is done by the subject and at the same time returns to him, i.e. he is the object as well. (In English a construction, consisting of the verb and the reflexive pronouns "myself", "yourself", etc., is used – He amuses himself.)

The reflexive verbs are accompanied by the reflexive particles се or си which come between the subject and the predicate. If the subject is missing, they go after the predicate.

There are verbs which are reflexive by their meaning and form and cannot be used without the reflexive particle се, like: усмихвам се (to smile), надявам се (to hope), etc.

Others can be used both as ordinary and as reflexive verbs: срещам - срещам се (to meet); обличам - обличам се (to dress o.s.).

Аз се обличам.	I dress myself.
Аз обличам бебето.	I dress the baby.

Exercises

1. Find those nouns in the dialogue that have the definite article. Give their basic forms.

2. Add the definite article to the following nouns and adjectives from the dialogue: симпатично, вечеря, клиенти, номер, движение

3. Translate the sentences:

a) The house is on Nezabravka Street.

b) The Ilievs are at Vitosha Hotel.
c) Ivan and Lilly's children are in the taxi.
d) There is not much traffic on the street.

ЧЕТВЪРТИ УРОК: В ХОТЕЛА

След като наемат кола на летището, господин и госпожа Илиеви пристигат в хотел "Витоша".

Петър: Добро утро. Казвам се Петър Илиев. Имам запазена стая за двама.

Регистратор: Добро утро, господине. Моля попълнете тези формуляри. Благодаря ви. Заповядайте ключа. Номерът на стаята ви е 312. Намира се на третия етаж. Асансьорът е вдясно, до стълбите. Веднага ще донесат багажа ви в стаята.

Петър: Къде трябва да паркираме колата?

Регистратор: В подземния паркинг на хотела.

Мария: Бихте ли ни казали къде и кога можем да закусваме? Доколкото знам, закуската е включена в цената.

Регистратор: Точно така. Ресторантът е в дъното на фоайето, вляво. Можете да закусвате там между седем и десет сутринта. Но ако предпочитате, могат да донесат закуската ви в стаята.

Мария: Какви други услуги предлагате?

Регистратор: Тук на първия етаж има фризьорски салон, магазинче за сувенири и обменно бюро. Басейнът е в подземието. Имаме бизнес център с факс, телекс и поща. Ако се нуждаете от нещо друго, моля да ни уведомите.

LESSON FOUR: AT THE HOTEL

Having rented a car at the airport, Mr. and Mrs. Iliev arrive at Vitosha Hotel.

Peter: Good morning. My name is Peter Iliev. I have a double room reserved.

Clerk: Good morning, Sir. Please fill out these forms. Thank you. Here is the key. Your room number is 312. It is on the third floor. The elevator is on the right, next to the stairs. Your luggage will be taken up right away.

Peter: Where should we park the car?

Clerk: In the hotel's underground parking.

Maria: Could you please tell us when and where we can have breakfast? As far as I know, it's included in the price.

Clerk: That's right. The restaurant is at the far end of the lobby, on your left. You can have breakfast there from 7 a.m. to 10 a.m. But if you prefer, you can have your breakfast served in the room.

Maria: What other services do you offer?

Clerk: Here on the first floor we have a hair salon, a gift shop and an exchange office. The swimming pool is in the basement. We have a business center with a fax, a telex and a post office. If you need anything else, please let us know.

LESSON FOUR: VOCABULARY

четвърти	fourth
наемам	to rent
господин	Mr.
госпожа	Mrs.
пристигам	to arrive
стая за двама (ж.р.)	double room
регистратор (м.р.)	front desk clerk
попълня	to fill out
тези	these
формуляр (м.р.)	form
ключ (м.р.)	key
етаж (м.р.)	floor, level
асансьор (м.р.)	elevator
вдясно	on/to the right
до	next to, by, to, until
стълби (мн.ч.)	staircase, stairs
веднага	right away
трябва	should, must
паркирам	to park
подземен	underground
паркинг (м.р.)	parking (lot)
кога	when
закусвам	to have breakfast
закуска (ж.р.)	breakfast
включен	included

цена (ж.р)	price
ресторант (м.р.)	restaurant
фоайе (ср.р.)	hotel lobby
вляво	on/to the left
между	between, among
седем	seven
десет	ten
ако	if
предпочитам	to prefer
друг	other
услуга (ж.р.)	service
предлагам	to offer
фризьорски салон (м.р.)	hair salon
магазинче (ср.р.)	small shop
сувенир (м.р.)	souvenir
обменно бюро (ср.р.)	currency exchange office
басейн (м.р.)	swimming pool
подземие (ср.р.)	basement
поща (ж.р.)	post office
нуждая се	to need
уведомявам	to notify

Note:

In Bulgarian the relationship between the first name and the family name of a person resembles that between the noun and the adjective defining this noun. Just like most feminine nouns, female first names end in -a, while male names end in a consonant. Following the adjectives pattern, family names change in gender, depending on the person's sex, and they have singular and plural forms. Hence, Илиеви, the plural of the family name Илиев (note the plural suffix -и in Илиеви), refers to more than one member of the Iliev family, in the case of our dialogue - to Mr. and Mrs. Iliev. The masculine family name usually ends in the consonant -в (Илиев, Ангелов), while the feminine - always in -a, which is the most common ending of feminine adjectives (Илиева, Ангелова).

EXPRESSIONS

Намира се на …	It is on ...
Бихте ли ни казали…	Could you tell us ...
Доколкото знам …	As far as I know...
Точно така.	That's right.
в дъното на…	at the far end of...
Ако се нуждаете от …	If you need ...

MORE WORDS AND EXPRESSIONS

Настаняване в хотел	**Hotel Accommodations**
единична стая	single room
стая с баня	room with a bathroom
камериерка (ж.р.)	chambermaid
рецепция (ж.р.)	front desk
Имате ли свободни стаи?	Do you have any rooms available?

Бих искал да запазя една двойна стая за следващия понеделник.	I'd like to reserve a double room for next Monday.
Колко струва на ден?	How much is it per day?
Бих искал да говоря с управителя на хотела.	I'd like to talk to the hotel manager.
Радиото не работи.	The radio doesn't work.
Няма топла вода.	There is no hot water.
Обслужването беше отлично/ужасно.	The service was excellent/awful.

Частна квартира
Private Lodgings

Търся апартамент/къща под наем.	I need to rent an apartment/a house.
Търся мебелиран/немебелиран апартамент.	I'm looking for a furnished/unfurnished apartment.
Колко е наемът?	How much is the rent?
Има ли топла вода/парно отопление?	Is there hot water/central heating?
Колко стаи има апартаментът/къщата?	How many rooms are there in the apartment/the house?
Има ли двор?	Is there a yard?
Голям/малък ли е дворът?	Is the yard big/small?
Шумна/тиха ли е улицата?	Is the street noisy/quiet?

LESSON FOUR: GRAMMAR

A. Verbs and Conjugations (Глаголи и спрежения)

Bulgarian verbs are grouped in three conjugations, according to their present stem vowel, i.e. the final vowel of the form for the 3rd person singular, present tense.

First, or -е conjugation

Basic form	3rd p. sg. pr.t.
чета (to read)	той чете (he reads)
живея (to live)	той живее (he lives)

Second, or -и conjugation

Basic form	3rd p. sg. pr.t.
говоря (to speak)	той говори (he speaks)
работя (to work)	той работи (he works)

Third, or -a conjugation

Basic form	3rd p. sg. pr.t.
пристигам (to arrive)	той пристига (he arrives)
предлагам (to offer)	той предлага (he offers)

Verbs belonging to the third conjugation could also be recognized by the fact that in the first person singular (remember that this is the basic form of the verb) they end in the consonant -м.

B. The Present Tense (Сегашно време)

The present tense is the basic and most simple one of the nine tenses in modern Bulgarian. It is formed by adding the personal suffixes for the present tense to the present verb stem (3rd p. sg., present tense).

a) suffixes for the verbs of the **first conjugation**: -а (-я) ; -ш ; - ; -м ; -те ; -ат (-ят)

Affirmative

Аз живея в София.   Ние живеем в София.
Ти живееш в София.   Вие живеете в София.
Той/тя живее в София   Те живеят в София.

The Bulgarian present tense may be translated into English by both simple present tense (I live in Sofia, etc.) and present continuous tense (I'm living in Sofia, etc.).

The **negative** is formed by inserting the negative particle не between the personal pronoun and the verb form - Аз не живея в София (I don't live in Sofia), etc.

The **interrogative** is formed by dropping the personal pronoun and adding the particle ли after the verb form - Живея ли в София? (Do I live in Sofia?), etc.

b) suffixes for the verbs of the **second conjugation**: -я (-а) ; -ш ; - ; -м ; -те ; -ят (-ат)

Affirmative

Аз говоря български.   Ние говорим български.
Ти говориш български.   Вие говорите български.
Той/тя говори български.   Те говорят български.

c) suffixes for the verbs of the **third conjugation**: -м ; -ш ; - ; -ме ; -те ; -т

Affirmative

Аз пристигам в хотела.   Ние пристигаме в хотела.
Ти пристигаш в хотела.   Вие пристигате в хотела.
Той/тя пристига в хотела.   Те пристигат в хотела.

C. The Verbs трябва (must) and мога (can) in the Present Tense

The modal verb трябва remains unchanged in all three persons of both singular and plural. It is always followed by the particle да and the conjugated forms of the main verb.

Аз трябва да паркирам.   Ние трябва да паркираме.
Ти трябва да паркираш.   Вие трябва да паркирате.
Той/тя трябва да паркира.   Те трябва да паркират.

(I must park the car, etc.)

The modal verb мога is conjugated like the verbs of the first conjugation. In some of the forms the consonant г is replaced by ж. Just like трябва, мога is followed by the particle да and the conjugated forms of the main verb.

Аз мога да закуся.   Ние можем да закусим.
Ти можеш да закусиш.   Вие можете да закусите.
Той/тя може да закуси.   Те могат да закусят.

(I can have breakfast, etc.)

Exercises

1. Define the conjugation of the following verbs from the dialogue: наемат, казвам се, намира се, нуждаете, уведомите.

2. Use the correct verb form:

a) Георги (говоря) български.
b) Ние (пристигам) на летището.
c) Той не (мога) да (чета)..
d) Утре Иван (трябва) да (работя).

3. Conjugate the verbs наемам, не говоря, мога ли, имам, forming sentences.

ПЕТИ УРОК: КЪДЕ Е ...

... ПОЩАТА ?

Господин и госпожа Илиеви се разхождат в центъра на София и искат да изпратят писма до близките си.

Мария: Извинете, бихте ли ми казали дали има наблизо поща?

Минувач: Да, можете да стигнете дотам пеша.. Тръгнете по улица «Стамболийски» направо, на втората пресечка завийте надясно, после завийте наляво по улица «Леге», пресечете при светофара и на следващия ъгъл ще видите пощата - голяма сива сграда. Но можете и да вземете трамвай номер две или четиринайсет. Трябва да слезете на втората спирка, площад «Славейков», после тръгнете наляво до първата пресечка и там завийте надясно. Пощата е на втория ъгъл отдясно.

Мария: Благодаря ви.

Господин и госпожа Илиеви намират пощата и влизат в сградата.

Петър: Добър ден. Искаме да изпратим тези писма до Америка.

Първи
чиновник: Ако обичате отидете на дванайсто гише. Тук е само за колети.

Петър: Каква марка е необходима, за да изпратим тези писма до Ню Йорк с въздушна поща ?

Втори
чиновник: Първо трябва да ги претегля.... За всички е необходима марка от осем лева и петдесет стотинки.

Петър: Благодаря ви. Колко време ще пътуват?

Втори
чиновник: Около седмица.

Мария: Благодаря. Довиждане.

LESSON FIVE: ASKING FOR DIRECTIONS

WHERE IS THE POST OFFICE?

Mr. and Mrs. Iliev are taking a walk in downtown Sofia and would like to send letters home.

Maria: Excuse me, could you tell me is there a post office near-by?

Pedestrian: Yes, it is within walking distance. You go straight down Stamboliiski Street, turn right two blocks from here, then make a left on Legue Street. Cross at the lights and at the next corner you'll see the post office - a big grey building. But you may also take the number two or number fourteen tram. You have to get off at the second stop, Slaveikov Square, then go left until you reach the first corner and there turn right. The post office will be at the second corner on your right.

Maria: Thank you.

Mr. and Mrs. Iliev find the post office and enter the building.

Peter: Good afternoon. We'd like to send these letters to America.

First   Please go to window twelve. This is
clerk: for packages only.

Peter: What stamps do we need to send these letters by air mail to New York?

Second   I have to weigh them first. They
clerk: all need an eight leva and fifty

	stotinki stamp.
Peter:	Thank you. How long will it take?
Second clerk:	About a week.
Maria:	Thank you. Good bye.

LESSON FIVE: VOCABULARY

пети	fifth
разходя се (2),разхождам се (3)*	to take a walk
център (м.р.)	center, downtown
изпратя (2), изпращам (3)	to send
близки (мн.ч.)	relatives
дали	whether
наблизо	near-by
минувач (м.р.)	passer-by, pedestrian
тръгна (1), тръгвам (3)	to go, to leave
направо	straight (ahead)
пресечка (ж.р.)	intersection
после	then, later on
пресека (3), пресичам (3)	to cross
светофар (м.р.)	traffic lights
ъгъл (м.р.)	corner, angle
сив	grey
сграда (ж.р.)	building
четиринайсет**	fourteen

---

* The number in brackets following the names of the verbs from the vocabulary indicates the conjugation the respective verb belongs to. In most cases two verbs of the same meaning are given. The first one of the pair is of the perfect aspect, and the second one - of the imperfect aspect. (See the Grammar following the lesson.)
** Четиринайсет is the form of the numeral **fourteen** used in everyday speech. The full, or standard

сляза (1), слизам (3)	to get off, to climb down
площад (м.р.)	square
намеря (2), намирам (3)	to find
вляза (1), влизам (3)	to enter
чиновник (м.р.)	clerk
дванайсти	twelfth
колет (м.р.)	package, parcel
марка (ж.р.)	stamp
необходим	necessary
въздушна поща	air mail
първо	firstly, in the first place
претегля (2), претеглям (3)	to weigh
всички	all, everybody
осем	eight
петдесет	fifty
около	about, approximately

EXPRESSIONS

стигам (дотам) пеша	to go (there) on foot
Завийте наляво/надясно.	Turn left/right.

---

form, is четиринадесет. The use of the short form applies to all other numerals having the number десет (ten) in their name, like: единайсет (eleven) – единадесет; дванайсет (twelve) – дванадесет; двайсет (twenty) – двадесет, etc.

на ъгъла   at the corner

MORE EXPRESSIONS

Можете ли да ми кажете	Can you tell me where
къде е хотел X./ресторант	hotel X./restaurant Y.,
Y., и т.н. ?	etc. is ?
Продължавайте все направо.	Keep straight on.
Точно насреща е.	It's directly opposite.
От другата страна на	It's on the other side
улицата е.	of the street.
Не е далеч (оттук).	It's not far away.
Тръгнете насам/натам.	Go this/that way.
Тръгнете по улица X.	Take X. Street.
Вървете до края на улицата.	Go to the end of the street.
Трябва ми карта на града.	I need a map of the city.

LESSON FIVE: GRAMMAR

A. Perfect and Imperfect Verbs (Свършен и несвършен вид на глагола)

One of the main characteristics of Bulgarian verbs, as well as of the verbs in the other Slavic languages, is the aspect, i.e. the fact that they can indicate finished actions, as well as actions still in progress. Verbs indicating finished actions are called "perfect"; those that refer to actions in progress are "imperfect".

More than 90 percent of the Bulgarian verbs have both perfect and imperfect aspect. The lexical meaning of the two verbs belonging to such a pair is the same. They only differ in their grammatical meaning. The imperfect verbs are formed by adding certain suffixes to the corresponding perfect ones.

Examples from the dialogue:

Perfect Verbs	**Imperfect Verbs**
изпратя	изпращам
пресека	пресичам
завия	завивам

In the first two cases the formative suffix is -ам and certain phonetic changes are involved in the process. In the case of the verb завия the suffix is -вам. Other suffixes used are: -ям, -авам, -явам, -увам.

It is interesting to note that perfect verbs do not have the so called "real present tense". They may express a present action only in combination with other words: ще (will), щом (as soon as), ако (if), за да (in order to), когато (when), след като (after), or following another verb and the particle да. In the latter case both verbs are conjugated - Аз искам да изпратя писмо. (I want to send a letter.), Ти искаш да изпратиш писмо. (You want to send a letter.), etc.

The suffix -н- always gives the verb a perfect aspect : тръгна, стигна, etc. The prefixes (про-, пре-, из-, за-, etc.) also indicate an action in its completeness as opposed to the previously mentioned suffixes, which are typical of the imperfect aspect of the verb. At the same time the prefixes slightly change the lexical meaning of the verb they are added to. For instance, the perfect verb пратя (to send) becomes imperfect when the suffix -ам is added to it - пращам. Note the phonetic change of т into щ. The lexical meaning of both verbs remain the same. On the other hand, the prefix пре- does not change its aspect (the new verb is of the perfect aspect as well), but lexically препратя is slightly different from пратя. It means to send somebody something that has been sent to you.

B. The Imperative of Verbs (Повелително наклонение)

When asking for directions, as in our dialogue, the instructions received usually contain forms of the verb known as the **imperative**. Mark the verb forms тръгнете, завийте, пресечете.

The imperative has forms only for the 2nd p. sg. and 2nd p. pl. Verbs belonging to the first and the second conjugation generally form the imperative by adding to their basic form (i.e. the form for the 1st p. sg., pr. t.) the stressed vowel -и for the 2nd p. sg., and the suffix -ете for the 2nd p. pl.: тръгни, тръгнете. An exception to this rule are the verbs whose basic vowel is preceded by another vowel, like завия. In this case the endings are -й and -йте: завий, завийте. The latter suffixes are also used for the verbs of the third conjugation: изпращай, изпращайте. The imperative of the verb съм is: бъди, бъдете.

C. Adverbs of Place (Наречия за място)

Essential for giving directions are the adverbs of place. In the dialogue these are: къде, наблизо, дотам, направо, надясно, наляво, там, тук.

Other commonly used adverbs of place are: встрани (beside), вътре (inside), вън (outside), навсякъде (everywhere), никъде (nowhere), далече (far away), срещу (opposite), пред (in front of), зад (behind), etc.

Exercises

1. Specify the aspect of the following verbs: закусвам, наемам, вземам, оставам, пристигна Find the verbs of the opposite aspect.

2. Use the imperative forms of the verbs in brackets:

a) (Говоря) по английски!
b) (Намеря) такси!
c) (Паркирам) на улицата!

3. Imagine that a foreigner is asking you to help him find an address. What are you going to tell him?

ШЕСТИ УРОК: ВЕЧЕРЯ В РЕСТОРАНТА

Петър:	Добър вечер. Имаме запазена маса за четирима на името на Петър Илиев.
Сервитьор:	Добър вечер. Насам, ако обичате. Как ви харесва тази маса?
Петър:	Съжалявам, но е много близо до оркестъра. Няма да можем да си чуваме приказката.
Сервитьор:	Какво ще кажете за онзи тих ъгъл? По-добре ли е?
Петър:	Да, благодаря ви.
Сервитьор:	Ще искате ли някакъв аперитив?
Лили:	Аз ще пия едно сухо мартини.
Мария:	И аз.
Иван:	Господин Илиев, не искате ли да опитате нещо българско? Аз ще взема сливова ракия и шопска салата, а вие?
Петър:	Ще ви направя компания.
Сервитьор:	Заповядайте менютата. Докато си изберете нещо за вечеря, аз ще ви донеса питиетата.
Лили:	Мария! Петре! Хайде да не сме толкова официални! Нека си говорим на ”ти”.
Мария:	Разбира се! Като между приятели! Наздраве!
Всички:	Наздраве!
Сервитьор:	Готови ли сте с поръчката?
Мария:	Да. Аз искам агнешки котлети и зелена салата.

Лили:	Аз ще взема свинска пържола с пържени картофи.
Иван:	За мен донесете шницел пане.
Петър:	Аз ще опитам мешаната скара.
Сервитьор:	Мога ли да ви предложа едно хубаво българско вино? Ако желаете червено сухо можете да вземете "Тракия", ако предпочитате бяло, ще ви препоръчам "Евсиноградско", също сухо, много ароматно вино.
Петър:	Нека да бъде "Тракия".
Сервитьор:	Благодаря ви.

Ястията идват и всички започват да се хранят.

Иван:	Как се чувствате на родна земя?
Мария:	Прекрасно! София се е променила толкова много. Не можем да я познаем.
Петър:	Харесва ни центъра, с новите магазини и кафенетата по тротоарите. Предпочитаме да вървим пеша, защото така виждаме повече неща. Освен това трудно се намира място за паркиране, а и движението е натоварено.
Лили:	И ние затова използваме обществения транспорт. Аз ходя на работа с трамвай, а Иван - с автобус. Колата караме само когато излизаме извън града през почивните дни.
Сервитьор:	Как беше вечерята?
Мария:	Много вкусна.
Сервитьор:	Ще желаете ли десерт? Или може би кафе?

Петър: Не, благодаря. Ще ви помоля за сметката.

Сервитьорът донася сметката. Петър плаща и оставя бакшиш на сервитьора.

LESSON SIX: DINING OUT

Peter: Good evening. We have reservations for four under the name of Peter Iliev.

Waiter: Good evening. This way, please. Would this table be suitable for you?

Peter: I am sorry, but it is too close to the band. The music will be too loud for conversation.

Waiter: What would you say for that quiet corner? Would it be better?

Peter: Yes, thank you.

Waiter: What would you like to drink?

Lilly: I will have a dry Martini.

Maria: I will have one, too.

Ivan: Mister Iliev, wouldn't you like to taste a Bulgarian drink? I will have a plum brandy and mixed salad. How about you?

Peter: I will join you.

Waiter: Here are the menu cards. While you're taking a look at them, I will bring your drinks.

Lilly: Maria! Peter! Let's not be so formal. Let's call each other by our first names.

Maria: Of course! We are friends, aren't we? Cheers!

All: Cheers!

Waiter: Are you ready to order?

Maria: Yes. I would like lamb chops and green salad.

Lilly: I will have a pork steak and French fries.

Ivan: A breaded veal cutlet for me, please.

Peter: I will try the grilled meat.

Waiter: May I suggest some good Bulgarian wine? If you want red dry wine, have "Trakia", if you prefer white, I would recommend "Evsinogradsko", a very fine dry wine.

Peter: We will have "Trakia".

Waiter: Thank you.

The dishes arrive and everybody starts to eat.

Ivan: How do you feel being back home?

Maria: Terrific. Sofia has changed so much. We can hardly recognize it.

Petur: We like the downtown, with the new stores and the sidewalk cafes. We prefer walking because we can see more. Besides, it is so difficult to park and the traffic is so heavy.

Lilly: That's why we use the public transport. I go to work by tram, and Ivan - by bus. We only drive when leaving town on holidays.

Waiter: How was your dinner?

Maria: It was delicious.

Waiter: Would you like any dessert? Or maybe coffee?

Peter: No, thank you. Could you bring the
          check, please.

The waiter brings the bill. Peter pays it and
gives a tip to the waiter.

LESSON SIX: VOCABULARY

шести	sixth
маса (ж.р.)	table
сервитьор (м.р.)	waiter
харесам (3), харесвам (3)	to like
близо	close
оркестър	orchestra, band
чуя (1), чувам (3)	to hear
приказка (ж.р.)	tale, story
кажа (1), казвам (3)	to say, to tell
тих	quiet
по-добре	better
някакъв	some
аперитив (м.р.)	aperitif
пия (1)	to drink
сух	dry
опитам (3), опитвам (3)	to taste, to try
сливов	plum (adj.)
ракия (ж.р.)	brandy
шопски	shopp (adj.),belonging to Sofia district
салата (ж.р.)	salad, lettuce
направя (2), правя (2)	to make
компания (ж.р.)	company
меню (ср.р.)	menu, menu card
докато	until, while

избера (1), избирам (3)	to choose
питие (ср.р.)	drink
толкова	so, that much
официален	formal
нека	let
като	as
приятел (м.р.)	friend
готов	ready
поръчка (ж.р.)	order
агнешки	lamb (adj.)
котлет (м.р.)	chop, cutlet
зелен	green
свински	pork (adj.)
пържола (ж.р.)	steak
пържен	fried
картоф (м.р.)	potato
пържени картофи	French fries
шницел (м.р.)	schnitzel, breaded cutlet
пане, паниран	breaded
мешан	mixed
скара (ж.р.)	grilled meat
хубав	good, nice
вино (ср.р.)	wine
червен	red
бял	white

препоръчам (3), препоръчвам (3)	to recommend
също	also
ароматен	fragrant
ястие (ср.р.)	dish, meal
идвам (3)	to come
започна (1), започвам (3)	to begin, to start
храня (се) (2)	to eat
чувствам (се) (3)	to feel
роден	native
земя (ж.р.)	land, earth
променя (се) (2), променям (се) (3)	to change
позная (1), познавам (3)	to know, to recognize
магазин (м.р.)	store
кафене (ср.р.)	cafe
тротоар (м.р.)	sidewalk
вървя (пеша) (2)	to walk
защото	because
така	thus, in this manner
повече	more
освен това	besides
трудно	hard, difficult
място (ср.р.)	place, lot
паркиране (ср.р.)	parking
натоварен	burdened, heavy
затова	that's why

използвам (3)	to use
обществен	public
ходя (2)	to go
изляза (1), излизам (3)	to go out
извън	out of
през	during
почивен ден	holiday
вкусен	tasty, delicious
десерт (м.р.)	dessert
или	or
може би	maybe
кафе (ср.р.)	coffee
помоля (2), моля (2)	to ask
сметка (ж.р.)	bill
платя (2), плащам (3)	to pay
оставя (2), оставям (3)	to leave
бакшиш (м.р.)	tip

EXPRESSIONS

Добър вечер.	Good evening.
Съжалявам …	I am sorry ...
Няма да можем да си чуваме приказката	We won't be able to hear each other.
Какво ще кажете за …	How about ...
И аз.	Me too.
Аз ще взема/ще си поръчам…	I'll have ...

правя компания (на някого)	to keep (s.b.) company
говоря с някого на "ти"	to address s.b. familiarly
Наздраве!	Cheers!
Нека да бъде ...	Let it be ...
Прекрасно!	Terrific!

MORE WORDS AND EXPRESSIONS

супа (ж.р.)	soup
сладолед (м.р.)	ice cream
обядвам (3)	to have lunch
вечерям (3)	to have dinner
Имате ли свободна маса?	Is there a table available?
Бих искал чаша/бутилка вино.	I'd like a glass/bottle of wine.

LESSON SIX: GRAMMAR

A. Vocative Form of Nouns (Звателна форма на съществителните имена.)

When addressed, feminine and masculine nouns denoting living creatures may appear in their vocative form. For instance: господине is the vocative form of господин (mister, sir); Петре (as used in our dialogue) is the vocative form of the proper name Петър, etc.

In addition to the suffix -e, the vocative form of masculine nouns may also have the ending -o, as in българино, from българин; or -ю, if the noun itself ends in a soft consonant: славею from славей (nightingale), учителю from учител, etc.

The endings for feminine nouns are -o, -ьо (after a soft consonant), or -йо (after a vowel): сестро from сестра, лисицо from лисица (fox), лельо from леля, etc. It should be known, however, that the more recent development is to avoid the vocative form of female proper names and to use instead the basic form. See the use of Мария in the dialogue instead of Марийо.

B. Verbal Nouns (Отглаголни съществителни имена)

The words паркиране and движение from the dialogue are examples of a special class of Bulgarian nouns called "verbal nouns". As the term itself implies, they are derived from verbs - by adding the suffix -не and more rarely -ние to, in most cases, the present stem of imperfect verbs.

Generally, every action may be expressed by either a verb or a verbal noun. So the term "verbal" refers not only to the way the noun has been formed, but also to the fact that it possesses one of the main characteristics of the verb - to express action. At the same time,

verbal nouns have the grammatical features of
the noun like gender (they are all in neuter
gender), number and the definite article.

C. The Future Tense (Бъдеще време)

Future tense is formed in an analytical manner –
by placing the function word ще in front of the
verb forms for the present tense. Examples from
the dialogue: ще кажете, ще искате, ще взема, etc.

Affirmative

Аз ще живея в София.	Ние ще живеем в София.
Ти ще живееш в София.	Вие ще живеете в София.
Той/тя ще живее в София.	Те ще живеят в София.

The Bulgarian future tense may be translated
into English by both simple future tense (I will
live in Sofia, etc.) and future continuous tense
(I will be living in Sofia, etc.).

In **future negative**, the verb forms are
preceded by the invariable няма да.

Аз няма да живея в С.	Ние няма да живеем в С.
Ти няма да живееш в С.	Вие няма да живеете в С.
Той/тя няма да живее в С.	Те няма да живеят в С.

(I won't live in Sofia, etc.)

The **interrogative** is formed in the usual way, by
dropping the personal pronoun and placing the
interrogative particle ли after the verb form –
Ще живея ли в София? (Will I live in Sofia), etc.

D. Future Tense of the Verb "To Be"

The auxiliary verb съм may form its future tense
in two ways.

Firstly, following the pattern of all other verbs - Аз ще съм (I will be), Ти ще си (You will be), etc.; Аз няма да съм (I won't be), etc.; Ще съм ли? (Will I be?), etc.

Secondly, from its variant, the perfect verb бъда. (Note that бъда and бъдеще have the same root.) Otherwise the pattern is the same:

Affirmative

Аз ще бъда ученик.   Ние ще бъдем ученици.
Ти ще бъдеш ученик.   Вие ще бъдете ученици
Той ще бъде ученик   Те ще бъдат ученици.

Negative: Аз няма да бъда, etc.

Interrogative: Ще бъда ли?, etc.

Exercises

1. Translate the sentences:

a) Ivan, let's take the bus!
b) Some people prefer walking.
c) There are good wines in Bulgaria.

2. Underline the verbs in future tense in the dialogue.

3. Imagine yourself in a restaurant, accompanied by a friend. Use the words from the dialogue and from the additional vocabulary to order food and drinks for you and your companion.

СЕДМИ УРОК: ПАЗАРУВАНЕ

В УНИВЕРСАЛНИЯ МАГАЗИН

Мария и Петър искат да си купят някои неща и решават да отидат на пазар.

Мария:	Най-добре е да отидем в ЦУМ, тъй като там продават всякакви стоки, а и той е отворен до най-късно. Повечето други магазини затварят в седем часа.

* * *

Мария:	Добър ден. Бихме искали да купим летен костюм за съпруга ми.
Продавач:	Кой размер, господине?
Петър:	Четирисет и шест или четирисет и осем, не съм сигурен.
Продавач:	В тези размери имаме в бяло, бежово и светлосиньо.
Петър:	А в сиво имате ли?
Продавач:	Имаме, но по-малък размер. Искате ли да го пробвате? Пробната е вляво.

* * *

Петър:	Благодаря ви. Съвсем по мярка ми е. Колко струва?
Продавач:	Хиляда и петстотин лева.
Петър:	Ще го взема.
Мария:	Бихте ли ми казали къде са женските обувки?
Продавач:	На долния етаж. Можете да слезете по стълбите или да вземете ескалатора.

* * *

Продавачка: Какво ще обичате?

Мария: Търся черни обувки с високи токове, трийсет и осми номер.

Продавачка: Трийсет и осми номер са на този ред.

Мария: А тези на долния ред? Харесва ми третият чифт отдясно.

Продавачка: Съжалявам, но нямаме вашия номер. Надявам се да получим до края на седмицата.

Мария: Благодаря ви. Ще дойда пак.

LESSON SEVEN: SHOPPING

AT THE DEPARTMENT STORE

Maria and Peter need to buy some things and decide to go shopping.

Maria: We better go to the Central Department Store since they sell all kinds of goods there and besides it is open until late evening. Most of the other stores close at seven.

* * *

Maria: Good afternoon. We would like to buy a summer suit for my husband.

Salesman: What size, Sir?

Peter: Forty-six or forty-eight, I am not sure.

Salesman: In those sizes we have white, beige and light blue.

Peter: Have you got anything in grey?

Salesman: Yes, we have, but a smaller size. Would you like to try it on? The fitting room is to the left.

* * *

Peter: Thank you. It fits me perfectly. How much is it?

Salesman: One thousand and five hundred leva.

Peter: I'll take it.

Maria: Could you tell me where the women's shoe department is?

Salesman: On the lower level. You may go down the stairs or use the escalator.

* * *

Saleswoman: May I help you?

Maria: I need a pair of black high-heeled
              shoes in size thirty-eight.

Saleswoman: Size thirty-eight are on this
              shelf.

Maria: How about those on the lower shelf.
              I like the third pair from the
              right.

Saleswoman: I'm sorry, but we don't have them
              in your size. I hope we'll get some
              by the end of the week.

Maria: Thank you. I'll come again.

LESSON SEVEN: VOCABULARY

седми	seventh
пазаруване (ср.р.)	shopping
универсален магазин (м.р.)	department store
купя (2), купувам (3)	to buy
реша (2), решавам (3)	to decide
пазар (м.р.)	market
най-добре	best
тъй като	since, because
всякакъв	of all kinds, various
стока (ж.р.)	merchandise
отворен	open (adj.)
най-късно	latest
затворя (2), затварям (3)	to close
час (м.р.)	hour
летен	summer (adj.)
костюм (м.р.)	suit
продавач (м.р.)	salesman
кой	who, what
размер (м.р.)	size
четирисет и шест	forty-six
четирисет и осем	forty-eight
сигурен	certain, sure
бежов	beige
светлосин	light blue
по-малък	smaller

пробвам (3)	to try on
пробна (ж.р.)	fitting room
съвсем	quite, perfectly
мярка (ж.р.)	measure, size
колко	how much, how many
струвам (3)	to cost
хиляда	thousand
петстотин	five hundred
женски	female(adj.), feminine, woman's
обувка (ж.р.)	shoe
долен	low, lower
ескалатор (м.р.)	escalator
продавачка (ж.р.)	saleswoman
търся (2)	to look for
черен	black
обувки с високи токове	high-heeled shoes
трийсет и осем	thirty-eight
онези	those
чифт (м.р.)	pair
получа (2), получавам (3)	to receive, to get
край (м.р.)	end
пак	again

EXPRESSIONS

| отивам на пазар/пазарувам | to go shopping |

Най-добре е да ...	I (you, etc.) better (do s.th.)...
Не съм сигурен./Сигурен съм.	I'm not sure./I'm sure.
По мярка ми е./Не ми е по мярка.	It fits me./ It doesn't fit me.
слизам/качвам се по стълбите	to go down/up the stairs
Какво ще обичате?	May I help you?

MORE WORDS AND EXPRESSIONS

Облекло

Clothing

рокля (ж.р.)	dress
риза (ж.р.)	shirt
панталони (мн.ч.)	trousers, pants
пола (ж.р.)	skirt
блуза (ж.р.)	blouse
тениска (ж.р.)	T-shirt
чорапогащник (м.р.)	panty hose
къси чорапи (мн.ч.)	socks
палто (ср.р.)	(over)coat
кожено палто	fur coat
яке (ср.р.)	jacket
сако (ср.р.)	coat
шлифер (м.р.)	raincoat
домашни пантофи (мн.ч.)	slippers
ботуши (мн.ч.)	boots

разпродажба (ж.р.)	sale
Бихте ли ми показали друг/ ,-а/,-о?	Could you show me another one
Имате ли по-евтин/,-а/,-о?	Is there a cheaper one?
Не ми харесва моделът.	I don't like the style.
Много е скъп/,-а/,-о.	It is very expensive.
Магазинът е отворен/затворен.	The store is open/ closed.
работно време (на магазин)	business hours (of a store)

Цветове — Colors

син	blue
жълт	yellow
кафяв	brown
оранжев	orange
розов	pink
тъмносин	dark blue
лилав	purple
Харесва ли ти (ви) този цвят?	How do you like this color?
Този цвят не ми отива.	This color doesn't suit me.
Това зелено е прекалено тъмно.	This green color is too dark.

Бакалски стоки — Groceries

хляб (м.р.)	bread
мляко (ср.р.)	milk
кисело мляко	yogurt
масло (ср.р.)	butter
сирене (ср.р.)	cheese
кашкавал (м.р.)	yellow cheese
яйца (мн.ч.)	eggs
колбаси (мн.ч.)	sausages
захар (ж.р.)	sugar
брашно (ср.р.)	flour
чай (м.р.)	tea
месо (ср.р.)	meat
пиле (ср.р.)	chicken
риба (ж.р.)	fish

Плодове — **Fruits**

ябълка (ж.р.)	apple
круша (ж.р.)	pear
ягода (ж.р.)	strawberry
слива (ж.р.)	plum
праскова (ж.р.)	peach
череша (ж.р.)	cherry
грозде (ср.р.)	grapes
портокал (м.р.)	orange
лимон (м.р.)	lemon
пъпеш (м.р.)	melon
диня (ж.р.)	water-melon

Зеленчуци

домат (м.р.)

чушка (ж.р.)

краставица (ж.р.)

лук (м.р.)

тиквичка (ж.р.)

гъби (мн.ч.)

Vegetables

tomato

bell pepper

cucumber

onion

zucchini

mushrooms

LESSON SEVEN: GRAMMAR

A. Numerals (Числителни имена)

1. Cardinal Numbers (Числителни бройни)

These are the numerals used in counting. They refer to the number of objects or persons and answer the question колко? (how many?). They do not change in number or gender with the exception of: едно (one), which has number and gender - един (м.р.), една (ж.р.), едно (ср.р.), едни (мн. ч.); and две (two), which has gender - два (м.р.), две (ж.р. и ср.р.).

The basic, or simple cardinal numbers are:

едно	one	шест	six	сто	one hundred
две	two	седем	seven	хиляда	one thousand
три	three	осем	eight		
четири	four	девет	nine		
пет	five	десет	ten		

The rest of the cardinal numbers are formed in three ways:

a) By adding десет (ten) to the simple numbers. The preposition на (on, on top of) is the link between the respective simple number and десет. The numbers between 10 and 20 are formed in this manner.

единадесет	eleven	шестнадесет	sixteen
дванадесет	twelve	седемнадесет	seventeen
тринадесет	thirteen	осемнадесет	eighteen
четиринадесет	fourteen	деветнадесет	nineteen
петнадесет	fifteen		

Don't forget the short form of these numbers - единайсет, дванайсет, etc. We talked about them in Lesson Five.

b) By multiplying the simple numbers by десет (ten):

двадесет (twenty), тридесет (thirty), etc. up to деветдесет (ninety). They also have short forms, very much used in everyday speech: двайсет, трийсет, etc.

or by сто (hundred):

двеста (two hundred), триста (three hundred), четиристотин (four hundred), etc. up to деветстотин (nine hundred).

c) As compound words, formed by simple and complex numbers:

двадесет и пет (twenty-five), двеста и седемнайсет (two hundred and seventeen), etc.

2. Ordinal Numbers (Числителни редни)

These numerals define the place of an object or person in a series of similar ones and answer the question кой по ред? (which one?). Grammatically they act like adjectives, agreeing in number and gender with the noun they precede. If needed they can also get the definite article.

They are formed from the cardinal numbers, by adding the suffix -и for the masculine, -а for the feminine, -о for the neuter, and -и for the plural. Let's take as an example the numeral пети (fifth), which is based on пет (five): пети (м.р.), пета (ж.р.), пето (ср.р.), пети (мн.ч.). Exceptions are: първи and втори, based on other stems; трети and четвърти, whose forms show phonetic changes and the use of suffixes. In the case of the compound numerals, the suffixes are added to the last number - двадесет и пети (twenty-fifth), etc.

B. Interrogatives (Въпросителни думи)

1. Interrogative Pronouns (Въпросителни местоимения)

When used by itself the interrogative pronoun кой (who) acts as a noun of masculine gender, singular. It is clear only that it refers to a person, but Кой идва? (Who's coming) may mean that the person we are asking about is a man, a woman, a child, or that more than one person is coming.

More often, however, it is used as an adjective and in these cases agrees in gender and number with the noun it defines: кой (м.р.), коя (ж.р.), кое (ср.р.), кои (мн.ч.).

Кой костюм е вашият?/ Кой е вашият костюм?	Which one is your suit?
Коя рокля е вашата? /Коя е вашата рокля?	Which one is your dress?
Кое дете е вашето? /Кое е вашето дете?	Which one is your child?
Кои дрехи са вашите? /Кои са вашите дрехи?	Which are your clothes?

Какъв (what) is the interrogative adjective used when asking about the properties of an object. The feminine is каква, the neuter - какво, and the plural - какви: Каква книга предпочитате? (What kind of book do you prefer?), etc.

The neuter interrogative какво (what) may be used as a noun when we ask about non-persons - animals, objects, abstract nouns: Какво ще закусвате? (What will you have for breakfast?).

Колко (how much, how many) is an inquiry about quantity. It doesn't change its gender or number: Колко жени ще дойдат? (How many women are coming?); Колко вино ще пиете? (How much wine are you going to drink?), etc.

In Bulgarian there is a possessive interrogative pronoun: чий (м.р.) - чия (ж.р.), чие (ср.р.), чии (мн.ч.). In English they are all translated by "whose": Чия е тази кола? (Whose is this car?); Чий е този костюм? (Whose is this suit?), etc.

2. Interrogative Adverbs (Въпросителни наречия)

The interrogative adverbs are: къде (where), защо (why), кога (when), как (how).

Къде отиваш/отивате?	Where are you going?
Защо питаш/питате?	Why are you asking?
Кога заминава?	When is he leaving?
Как да намеря къщата ти/ви?	How am I to find your house?

Exercises

1. Form sentences, using the following words:

a) етаж, са, обувките, четвъртия, на.
b) блузата, лева, струва, сто и осемдесет.
c) ябълки, искам, и, да купя, круши.

2. Underline the interrogatives in the dialogue. Find out which of them change in gender and number, and give their other forms.

3. Imagine you're in a department store. Use the words from Lesson Seven and from additional vocabulary to buy clothes for yourself.

ОСМИ УРОК: ГОСТУВАНЕ

ПОКАНА ЗА ВЕЧЕРЯ

Мария: Довечера сме канени на вечеря у семейство Ангелови.

Петър: Много мило от тяхна страна. В колко часа?

Мария: В седем, но трябва да тръгнем по-рано, за да им купим подарък.

Петър: Какво искаш да купим?

Мария: Цветя, бутилка вино и шоколад за децата. Побързай! След около час трябва да тръгнем.

Дома на семейство Ангелови. Звъни се.

Лили: Това са сигурно Мария и Петър. Би ли отворил вратата?

Иван: Здравейте! Заповядайте. Трудно ли ни намерихте?

Петър: Не, защото взехме такси. Тези цветя са за домакинята, а виното за теб. Къде са децата?

Лили: При баба си. Какви красиви цветя! Благодаря.

Иван: Какво ще пиете - джин или водка?

Мария: Аз бих пила джин с тоник.

Петър: Аз също.

Иван: Искате ли да ви покажа апартамента? Не е голям, но е удобен. Това е холът. Ето спалните и банята. Кухнята е отворена към трапезарията.

Петър: Нещо тук мирише много хубаво. Какво е то?

Лили:	Сготвих традиционни български ястия: каварма, баница със сирене и тиквеник.
Мария:	Как ще изядем всичко това, Лили! Даже за цяла седмица е много.
Лили:	Ще видим!

След вечерята.

Петър:	Много ядох, но всичко беше толкова вкусно. Благодаря.
Лили:	Моля. Хайде сега да отидем в хола.
Мария:	Нека да ти помогна да вдигнем масата.
Лили:	Масата може да почака, но шампанското не.

Два часа по-късно.

Петър:	Става късно. Трябва да тръгваме. Бихте ли ни извикали едно такси?
Иван:	Разбира се. (*Набира номера.*) Добър вечер. Може ли да изпратите едно такси на улица "Незабравка" номер 15? Казвам се Ангелов. Телефонният ми номер е 62-54-17. Благодаря... След десет минути ще дойде.
Мария:	Благодарим за прекрасната вечер. Прекарахме чудесно. Лили, утре ще ти се обадя. Довиждане.
Лили и Иван:	Довиждане и лека нощ.

LESSON EIGHT: AS A GUEST

DINNER INVITATION

Maria: The Angelovs invited us to dinner tonight.

Peter: How nice of them. What time?

Maria: At seven o'clock, but we should leave earlier because we need to buy them a gift.

Peter: What do you want to buy?

Maria: Flowers, a bottle of wine and some chocolate for the kids. Hurry up, we have to leave in an hour.

At the Angelovs' home. The bell is ringing.

Lilly: This must be Maria and Peter. Could you open the door, please?

Ivan: Hi! Come in, please. Was it difficult to find our place?

Peter: No, it was easy because we took a taxi. Here are some flowers for the lady of the house and a bottle of wine for you. Where are the kids?

Lilly: They are at grandma's. These flowers are beautiful. Thanks.

Ivan: What would you like to drink? Gin or vodka?

Maria: I will have a gin and tonic, please.

Peter: Me too.

Ivan: Let me show you around. The apartment isn't big, but it's very comfortable.

This is the living room. Here are the bedrooms and the bathroom. The kitchen opens off of the dining room.

Peter: Something smells very good here. What is it?

Lilly: I made some traditional Bulgarian dishes: *kavarma*, *banitsa* with white cheese and pumpkin pie.

Maria: But Lilly, how can we eat all that! It is too much, even for a week.

Lilly: We'll see.

After dinner.

Peter: I ate too much, but everything was so delicious. Thank you.

Lilly: You are welcome. Let's go to the living room now.

Maria: Let me help you clear the table.

Lilly: The table can wait, but the champagne can't.

Two hours later.

Peter: It's getting late. We have to go. Could you call a taxi for us, please?

Ivan: Of course. (*He dials*.) Good evening. Could you, please, send a cab to 15 Nezabravka Street? My name is Angelov and the phone number is 62 54 17. Thank you ... It will be here in ten minutes.

Maria: Thank you for the wonderful evening. We had a great time. Lilly, I'll call you tomorrow. Good bye.

Lilly   Bye! Good night!
 and
 Ivan:

LESSON EIGHT: VOCABULARY

осми	eighth
гостуване (ср.р.)	being a guest
покана (ж.р.)	invitation
по-рано	earlier
цвете (ср.р.)	flower
бутилка (ж.р.)	bottle
шоколад (м.р.)	chocolate
след	after
дом (м.р.)	home
отворя (2), отварям (3)	to open
врата (ж.р.)	door
намеря (2), намирам (3)	to find
домакиня (ж.р.)	hostess, housewife
красив	beautiful
удобен	comfortable
хол (м.р.)	living room
ето	here is/here are
спалня (ж.р.)	bedroom
баня (ж.р.)	bathroom
кухня (ж.р.)	kitchen
към	to, towards
трапезария (ж.р.)	dining room
мириша (1)	to smell
хубаво	well, good
сготвя (2), сготвям (3)	to cook

традиционен	traditional
каварма (ж.р.)	a kind of pork stew
баница (ж.р.)	puffed cheese pastry
тиквеник (м.р.)	pumpkin pastry
как	how
изям (1), ям (1)	to eat
даже	even
цял	whole
помогна (1), помагам (3)	to help
вдигна (1), вдигам (3)	to lift, to raise
почакам (3)	to wait (for a while)
шампанско (ср.р.)	champagne
по-късно	later
извикам (3), викам (3)	to call
набера (1), набирам (3) (телефонен номер)	to dial
телефонен номер (м.р.)	telephone number
минута (ж.р.)	minute
прекрасен	wonderful
прекарам (3), прекарвам (3)	to spend
обадя (се) (2), обаждам (се) (3) (по телефона)	to call s.b.

EXPRESSIONS

канен съм на вечеря/на обяд, и т.н. (у някого)	to be invited to dinner/lunch, etc. (at

132

	somebody's place)
Много мило от тяхна страна.	It's very nice of them.
В колко часа?	At what time?
Побързай! /Побързайте!	Hurry up!
Звъни се.	The bell is ringing.
Здравей! /Здравейте!	Hi!
Заповядай. / Заповядайте./ Влезте.	Come in./ Enter.
вдигам масата	to clear the table
Става късно.	It's getting late.
прекарвам чудесно	to have a great (wonderful)time

MORE WORDS

Жилището

The Dwelling

всекидневна (ж.р.)	family room
коридор (м.р.)	hallway
таван (м.р.)	ceiling, attic
покрив (м.р.)	roof
стена (ж.р.)	wall
прозорец (м.р.)	window
мебели (мн.ч.)	furniture

LESSON EIGHT: GRAMMAR

A. Simple Past Tenses (Прости минали времена)

There are two simple past tenses in the Bulgarian language: **past perfect** (not to be identified with the English past perfect tense), and **past imperfect**. They are simple in their forms. In both cases the forms for the first, second and third person singular and plural are built synthetically, i.e. by adding certain suffixes to a stem. Most of these suffixes contain the Bulgarian consonant x, and for this reason these two tenses are also called x-времена (h-tenses).

B. The Past Perfect Tense (Минало свършено време)

As the name itself implies (свършен means "finished", "completed"), this past tense is used to denote an action that ocurred and was completed in the past, i.e. prior to the time of speaking. Generally, it corresponds to the English simple past tense.

The verbs of all three conjugations get the following suffixes:

	Singular	Plural
1st p.	- х	- хме
2nd p.	-	- хте
3rd p.	-	- ха

These endings are added to the so-called past perfect stem, which is formed in a way that depends on the conjugation of the verb.

The past perfect stem of the verbs of the **third** and most of the verbs belonging to the **second conjugation** is identical with their present stem (i.e. the form for the 3rd p. sg., pr.t.).

пътувам (3)- to travel;той пътува -3rd p. sg., pr.t.

Affirmative

Аз пътувах с влак.   Ние пътувахме с влак.
Ти пътува с влак.   Вие пътувахте с влак.
Той/тя пътува с влак.   Те пътуваха с влак.

(I traveled by train, etc.)

говоря (2) - to speak; той говори - 3rd p. sg., pr.t.

Affirmative

Аз говорих с учителя.   Ние говорихме с учителя.
Ти говори с учителя   Вие говорихте с учителя.
Той/тя говори с учителя.   Те говориха с учителя.

(I spoke with the teacher, etc.)

More complicated is the situation with the verbs
of the **first conjugation.**

1. If the ending of the form for the 1st p. sg.,
present tense, is preceded by -a-, -и-, -у-, or
-ю-, this vowel is preserved in the past
perfect stem: аз играя (I play) - Аз играх на двора (I
played in the yard); Ти игра на двора, etc.

2. If the preceding vowel is -e-, it is replaced
by -я-: аз живея (I live) - Аз живях в София (I
lived in Sofia); Ти живя в София, etc.

3. If the ending is preceded by a consonant, the
past perfect stem gets:

a) the vowel -o- (-e- in the 2nd and 3rd p.
sg.),if the consonant is -д-, -т-, -к-, -з-, -с-:
аз чета (I read) - Аз четох книга (I read a book);
Ти чете книга, etc.

b) the vowel -a- in the case of all other consonants: Аз (искам да) помогна* (I want to help) - Аз помогнах на Лили (I helped Lilly); Ти помогна на Лили, etc. Some consonant changes may take place in the process: г - ж (мога - можах), ш - с, ж - с, ч - к, ж - г.

The stem vowel -e- may drop out in past perfect tense: Аз (искам да) разбера (I want to understand) - Аз разбрах урока (I understood the lesson); Ти разбра урока, etc.

One of the exceptions to these rules is the verb ям (to eat), which is used in the dialogue in its form for the 1st p. sg., past perfect tense. Here are all its forms in this tense:

Affirmative

Аз ядох много.	Ние ядохме много.
Ти яде много.	Вие ядохте много.
Той/тя яде много.	Те ядоха много.

(I ate a lot, etc.)

Note that mainly perfect verbs and primary imperfect verbs, i.e. without suffixes, can be used in past perfect tense.

Exercises

1. Underline the verbs in past perfect tense in the dialogue.

2. Translate the following sentences, conjugating the verb in the past perfect tense:

a) I went down the stairs to the second level.
b) Yesterday I received a letter.

---

* As you remember from the Grammar section of Lesson Five perfect verbs, such as **помогна**, cannot express a present action on their own.

136

c) I had a Bulgarian dish.

3. Imagine that you are showing your house to a friend. Explain whether you like it or not, how big it is, how many rooms there are, what kind of rooms and how many people live in the house.

ДЕВЕТИ УРОК: ЛЕКАРСКИ ПРЕГЛЕД

Ранна сутрин в стаята на семейство Илиеви в хотел "Витоша".

Петър: Не знам какво ми е, но се чувствам ужасно.

Мария: Изглеждаш много блед. Боли ли те нещо?

Петър: Коремът и главата, а и ми се вие свят.

Мария: Ще се обадя на рецепцията да попитам за лекар.

Идва лекарят.

Лекар: Добро утро. Аз съм доктор Георгиев. Казаха ми, че имате нужда от лекар.
Мария: Да Съпругът ми не се чувства добре.

Лекар: Ако обичате седнете и си съблечете горнището на пижамата. Първо ще ви премеря температурата... Имате малко температура - 37.6°C*. Кръвното ви налягане е нормално. Къде точно ви боли коремът? Тук? Може ли да ви видя езика? Благодаря. Няма нищо сериозно. Подобни стомашни смущения се дължат на храната. Какво ядохте вчера?

Петър: Просто ядох прекалено много. Бяхме на вечеря у наши приятели.

Лекар: Изглежда, че сте отвикнали от българската кухня. Нашите ястия са вкусни, но малко мазни. Ще трябва два дни да пазите диета. Само чай, препечен хляб и варени картофи, и вдругиден ще сте добре. Довиждане.
Петър: Благодаря ви. Довиждане

---

* In Bulgaria temperature is measured by the Celsius centigrade scale. 37.6° C equals 98.6° F. The normal body temperature varies between 36.5 and 37° C.

LESSON NINE: MEDICAL EXAMINATION

Early morning in the Ilievs' hotel room.

Peter: I don't know what's wrong with me, but I feel awful.

Maria: You look very pale. Do you feel any pain?

Peter: I have a stomach-ache and a headache, and I'm feeling very dizzy.

Maria: I'll call the front desk to ask for a doctor.

The doctor arrives.

Doctor: Good morning. I'm doctor Georgiev. I understand you need a physician.

Maria: That's right. My husband doesn't feel well.

Doctor: Please, sit up and take your pajama top off. Let me take your temperature first... You have a slight fever of 37.6° C. Your blood pressure is normal. Where does your stomach hurt? Here? Let me see your tongue, please. Thank you. It's not serious. You have an upset stomach because of the food. What did you eat yesterday?

Peter: I just ate too much. We had dinner at our friends' place.

Doctor: It seems that you're not used to Bulgarian cuisine anymore. Our meals are delicious, but a little too fatty. You need a special diet for two days. Only tea, toast and boiled potatoes, and the day after tomorrow you should be fine. Good bye.

Peter: Thank you. Good bye.

LESSON NINE: VOCABULARY

девети	ninth
лекарски	medical, doctor's
преглед (м.р.)	examination
ранен	early
ужасно	awfully
изглеждам (3)	to look, to appear
блед	pale
корем (м.р.)	stomach
глава (ж.р.)	head
попитам (3), питам (3)	to ask
добре	well
съблека (се) (1), събличам (се) (3)	to take off (one's clothes)
горнище (ср.р.)	top
пижама (ж.р.)	pajama
премеря (2), премервам (3)	to measure
малко	a little
температура (ж.р.)	temperature, fever
кръвно налягане (ср.р.)	blood pressure
нормален	normal
точно	exactly
подобен	similar, such as
стомашно смущение (ср.р.)	upset stomach
просто	just
прекалено	too

отвикна (I), отвиквам (3)	to get out of habit
кухня (ж.р.)	cuisine
мазен	fatty
препечен хляб (м.р.)	toast
варен	boiled

EXPRESSIONS

Какво ми е/ какво ти е, и т.н.?	What's wrong with me/you, etc.?
Нещо ме боли.	S.th. hurts me.
Вие ми се свят.	I'm feeling dizzy.
Чувствам се зле/добре.	I feel bad./I feel well.
Имам/нямам температура.	I have/I don't have fever.
Няма нищо сериозно.	There is nothing serious.
Дължи се на ...	It is due to...
Изглежда, че ...	It seems that...
пазя диета	to be on a diet

MORE WORDS AND EXPRESSIONS

Човешкото тяло	The Human Body
коса (ж.р.)	hair
чело (ср.р.)	forehead

гърло (ср.р.)	throat
око (ср.р.), очи (мн.ч.)	eye,-s
ухо (ср.р.), уши (мн.ч.)	ear,-s
нос (м.р.)	nose
уста (ж.р.)	mouth
зъб (м.р.)	tooth
кожа (ж.р.)	skin
кръв (ж.р.)	blood
рамо (ср.р.), рамене (мн.ч.)	shoulder,-s
лакът (м.р.), лакти (мн.ч.)	elbow, -s
китка (ж.р.)	wrist
пръст (м.р.)	finger, toe
крак (м.р.), крака (мн.ч.)	leg,-s; foot, feet
бедро (ср.р.)	thigh
коляно (ср.р.), колене (мн.ч.)	knee,-s
глезен (м.р.)	ankle
сърце (ср.р.)	heart
бял дроб (м.р.), бели дробове (мн.ч.)	lung,-s
черен дроб (м.р.)	liver
бъбрек (м.р.), бъбреци (мн.ч.)	kidney,-s
гръден кош (м.р.)	chest
гръб (м.р.)	back

Физически състояния

Physical Conditions

Здрав съм.

I'm healthy.

Болен съм.	I'm sick.
Боли ме главата.	I've a headache.
Боли ме коремът/гърлото/зъб/.	I've a stomach-ache/sore throat/toothache.
Имам нужда от зъболекар.	I need a dentist.
Имате нужда от рецепта.	You need a prescription.
Настинал съм.	I've a cold.
Имам грип.	I've the flu.
Кашлям.	I've a cough.
Счупих си/навяхнах си крака.	I've broken/twisted my leg.
Нямам апетит.	I've no appetite.
Алергичен съм към...	I'm allergic to...
Имам диабет.	I'm diabetic.
Имам разстройство.	I've diarrhea.
Изморен съм.	I'm tired.
Страдам от безсъние.	I suffer from insomnia.
Студено ми е./Топло ми е.	I'm cold./I'm hot.

LESSON NINE: GRAMMAR

A. The Past Imperfect Tense (Минало несвършено време)

The past imperfect tense also indicates an action taking place in the past, but this action is shown in its progress. It may be continuing even into the present, however this is no concern of ours. We are interested not in its limits, but in the fact that it occurred simultaneously with a moment in the past. The Bulgarian past imperfect corresponds in some measure to the English past continuous tense.

In addition to the above-said meaning, the past imperfect tense may also indicate a repeated or habitual action in the past.

The suffixes for the past imperfect tense differ from the suffixes for the past perfect tense only by those for the 2nd p. sg. and 3rd p. sg.

	Singular	Plural
1st p.	- х	- хме
2nd p.	- ше	- хте
3rd p.	- ше	- ха

These suffixes are added to the past imperfect stem, which is derived from the present stem of the verb.

The verbs of the **first** and **second conjugation** form their past imperfect stem by changing their present stem vowel into:

a) -я- (or -а- after -ж-, -ч-, -ш-), if the stress falls on the ending. An exception to this rule are the forms for the 2nd and 3rd p. sg., whose stem vowel is -е-.

чета (1) - to read; той чете - 3rd. p. sg., pr.t.

144

Affirmative

Когато тя се обади, аз четях. Когато тя се обади, ние четяхме.

Когато тя се обади ти четеше. Когато тя се обади, вие четяхте.

Когато тя се обади, той/тя четеше. Когато тя се обади, те четяха.

(When she called, I was reading, etc.)

b) -е-, if the stress falls on the stem.

уча (2) - to study; той учи - 3rd p. sg., pr.t.

Affirmative

Аз учех за изпит. Ние учехме за изпит.
Ти учеше за изпит. Вие учехте за изпит.
Той/тя учеше за изпит. Те учеха за изпит.

(I was studying for an exam, etc.)

The past imperfect stem of the verbs belonging to the third conjugation, just like their past perfect one, is identical with the present stem, i.e. the stem vowel is -а- (-я-).

бързам (3) - to hurry; той бърза - 3rd p. sg., pr.t.

Affirmative

Аз бързах по улицата. Ние бързахме по улицата.
Ти бързаше по улицата. Вие бързахте по улицата.
Той/тя бързаше по улицата. Те бързаха по улицата.

(I was hurrying on the street, etc.)

It should be remembered that only imperfect verbs have past imperfect tense proper. Perfect verbs may be used in this tense in subordinate clauses.

The **negative** and the **interrogative** of both past perfect and past imperfect tenses are formed in the same way as those of the present and the future tenses, i.e. through the function words не and ли respectively: Аз не разбрах урока.; Разбрах ли урока? (past perfect tense); Аз не учех за изпит.; Учех ли за изпит? (past imperfect tense), etc.

B. Past Imperfect Tense of the Verb "To Be"

The auxiliary verb съм (to be) has forms only for the past imperfect tense and rarely these forms may be used to denote past perfect tense as well. In the 2nd and 3rd p. sg. there two forms – беше and бе, which are completely interchangeable. Nevertheless, in everyday speech the longer form – беше – is more often used.

Affirmative

Аз бях болен.   Ние бяхме болни.
Ти беше (бе) болен.   Вие бяхте болни.
Той/тя беше (бе) болен/на.   Те бяха болни.

(I was sick, etc.)

C. Adverbs of Manner (Наречия за начин)

The words ужасно, точно, прекалено from the dialogue are adverbs of manner. They answer the questions как? (how?), and по какъв начин?(in what manner?). Usually, as in our examples, the adverbs of manner are identical with the forms of the corresponding neuter adjectives. That's why the typical ending is -о, but there are, although more rarely, adverbs of manner that end in -и or -е (note добре from the dialogue).

Exercises

1. Use the past imperfect tense of the verbs in brackets:

146

a) Петър (знам) адреса на хотела.
b) Снощи (чувствам се) зле, но днес съм добре.
c) Ястието (мириша) много хубаво.

2. Translate the sentences, paying attention to the adverbs of manner:

a) Maria and Petur had a wonderful time at Ivan and Lilly's place.
b) It was difficult for us to find the house.
c) He doesn't look well.

3. Imagine that you're not feeling well and go to see the doctor. Try to explain to him what's the matter with you, using the words from the dialogue and those from the additional vocabulary.

ДЕСЕТИ УРОК: ОБЩУВАНЕ

Г-н и г-жа Илиеви дават бизнес коктейл, на който поканват и семейство Ангелови.

Петър:	Господин Димитров, бих искал да ви запозная с нашите приятели българи, Иван Ангелов и съпругата му Лили. Младен Димитров, директор на нашия български клон.
Г-н Димитров:	Приятно ми е. И вие ли сте бизнесмен?
Иван:	Не, лекар съм. Отдавна ли работите с Петър?
Г-н Димитров:	Не. Едва преди два дни подписахме договора и през следващия месец .ще започнем съвместната работа. Дотогава ще трябва да приключим с всички документи.
Петър:	Най-общо казано, ние ще изпращаме в България компютрите, които произвеждаме в Америка, а местният ни клон ще пише програмите за българския пазар.
Иван:	Прекрасна идея. А и моментът е подходящ, защото тъкмо сега тук има голяма нужда от подобни дейности.. Желая ви успех.
Лили:	Става късно. Трябва да тръгваме, защото утре Иван е рано на работа Благодарим за поканата. Много ни беше приятно на вашия коктейл.
Мария:	Благодарим ви, че дойдохте. И ние утре ще ставаме рано. Самолетът ни излита в 10 часа, а още не сме си подредили багажа.
Петър:	Прекарахме чудесно с вас. Така се радваме, че се запознахме. Ето моята визитна картичка. Като дойдете следващия път в Америка на всяка цена се обадете. Дотогава, ще държим

връзка.

Иван: Вие вече знаете нашия адрес и телефонния ни номер. Ще чакаме да ни пишете. Приятно пътуване и всичко най-хубаво.

LESSON TEN: SOCIALIZING

Mr. and Mrs. Iliev give a business cocktail party and invite the Angelovs, too.

Peter: Mr. Dimitrov, I'd like you to meet our Bulgarian friends, Ivan Angelov, and his wife, Lilly. Mladen Dimitrov, the director of our Bulgarian division.

Mr. Dimitrov: Nice to meet you. Are you a businessman, too?

Ivan: No, I am a doctor. Have you been working with Peter for a long time?

Mr. Dimitrov: No, we only signed the contract two days ago and we'll start working together next month. By then we should be finished with the paperwork.

Peter: Generally speaking, we'll ship some of the computers we're producing in the US to Bulgaria. Our local division will write the software for the Bulgarian market.

Ivan: This is an excellent idea. The timing is perfect because such activities are very much needed here right now. Good luck!

Lilly: It's getting late. We should be leaving because tomorrow Ivan has to be at work early. Thanks for inviting us. We really enjoyed the party.

Maria: Thank you for coming. We have to get up early, too. Our plane leaves at 10 a.m. and we haven't packed yet.

Peter: We had a great time with you. It's so nice to have met you. Here is my business card. Next time you come to America, please give us a call, by all means. Until then, we'll keep in touch.

Ivan: You already know our address and telephone number. We'll be waiting for your letter. Have a nice trip and all the best.

LESSON TEN: VOCABULARY

десети	tenth
общуване (ср.р.)	socializing
коктейл (м.р.)	cocktail party
поканя (2), поканвам (3)	to invite
директор (м.р.)	director
клон (м.р.)	branch, division
едва	only, not until
преди	before
подпиша (1), подписвам (3)	to sign
договор (м.р.)	contract
съвместен	joint
дотогава	by then
приключа (2), приключвам (3)	to finish
документ (м.р.)	document
произведа (1), произвеждам (3)	to produce
местен	local
пиша (1)	to write
програма (ж.р.)	program
идея (ж.р.)	idea
момент (м.р.)	moment
подходящ	suitable
тъкмо сега	right now
дейност (ж.р.)	activity
рано	early (adv.)
дойда (1)	to come

стана (1), ставам (3)	to get up
излетя (2), излитам (3)	to take off
още	yet, still
подредя (2), подреждам (3) (багаж)	to pack
радвам се (3)	to be glad
визитна картичка (ж.р.)	business card
като/когато	when

Note:

The English verb "to come" can be translated into Bulgarian by two verbs - дойда and идвам (see Lesson Six). The difference between these two verbs is a grammatical one: дойда is a perfect verb, and идвам - an imperfect verb.

EXPRESSIONS

Най-общо казано ...	Generally speaking ...
пиша (компютърни) програми	to write software
Има голяма нужда от ...	There is a great need of ...
Желая ти/ви успех!	Good luck!
на всяка цена	by all means
Ще държим връзка.	We'll be in touch.
Приятно пътуване!	Have a nice trip!
Всичко най-хубаво!	All the best!

153

LESSON TEN: GRAMMAR

A. Possessives (Притежателни)

The words нашите, нашия, вашия, моята from the dialogue are possessive adjectives. They indicate the fact that something or somebody belongs to something or somebody else. Just like all other adjectives, the possessive adjective agrees in gender and number with the noun it defines and can also get the definite article if necessary.

Моята сестра е ученичка.	My sister is a student.
Моят брат е ученик.	My brother is a student.
Моите родители живеят в Пловдив.	My parents live in Plovdiv.

However, if the possessor is in the 3rd p. sg., the possessive adjective agrees in number and gender both with him and with the thing or person possessed.

Неговата сестра е ученичка.	His sister is a student.
Нейната сестра е ученичка.	Her sister is a student.
Неговият брат е ученик.	His brother is a student.
Нейният брат е ученик.	Her brother is a student.
Неговите родители живеят в Пловдив.	His parents live in Plovdiv.
Нейните родители живеят в Пловдив.	Her parents live in Plovdiv.

If the possessor is in the 3rd p. sg. and is masculine or neuter, the possessive негов (his) is used and its ending depends on the gender and number of the thing or person possessed. If the possessor is feminine, the possessive неин (her) is used which also changes its ending.

Here is the list of the possessive adjectives.

1. One possessor:

	1st p.	2nd p.	3rd p.
SINGULAR			
Masculine	мой (my)	твой (your)	негов, неин (his,her)
Feminine	моя (my)	твоя (your)	негова, нейна (his,her)
Neuter	мое (my)	твое (your)	негово, нейно (his,her)
PLURAL			
All genders	мои (my)	твои (your)	негови, нейни (his,her)

2. More than one possessor:

	1st p.	2nd p.	3rd p.
SINGULAR			
Masculine	наш (our)	ваш (your)	техен (their)
Feminine	наша (our)	ваша (your)	тяхна (their)
Neuter	наше (our)	ваше (your)	тяхно (their)
PLURAL			
All genders	наши (our)	ваши (your)	техни (their)

Very often the short forms of the possessives are used. Unlike the full forms, the short ones always come after the noun they define. It should be remembered that they are invariable words, i.e. they don't agree with the noun they accompany. If the possessor is in the 3rd p. sg., there are two different forms, depending on his/her gender: му for masculine and neuter, and и (under stress) for feminine.

Сестра ми е ученичка.	My sister is a student.
Сестра и е ученичка.	Her sister is a student.
Брат му е ученик.	His brother is a student.
Родителите ми живеят в Пловдив.	My parents live in Plovdiv.

As demonstrated in the above examples, singular masculine and feminine nouns denoting relatives do not take the suffix for the definite article when followed by the short possessives.

Here is the list of the short possessives:

	1st p.	2nd p.	3rd p.
SINGULAR All genders	МИ	ТИ	МУ, И
PLURAL All genders	НИ	ВИ	ИМ

The full forms of the possessives may be used by themselves, i.e. without a noun. In such cases the possessive substitutes a previously mentioned noun or group of words and therefore functions as a pronoun: Това е моята кола. Къде е твоята? (This is my car. Where is yours?); Този куфар е мой. (This suitcase is mine.)

B. Comparison of Adjectives (Степенуване на прилагателните)

In Bulgarian, as in English, the adjectives have three degrees of comparison - positive, comparative and superlative. However, they form their comparatives and superlatives only by placing a separate word-particle (по and най respectively) before the positive form and never by adding a suffix to it, as in the other Slavic languages and in the case of the one-syllable adjectives in English. The word-particle has a stress of its own and there is a hyphen between it and the adjective.

красив	beautiful
по-красив	more beautiful
най-красив	most beautiful
голям	big
по-голям	bigger
най-голям	biggest

C. Comparison of Adverbs (Степенуване на наречия)

The adverbs that are identical with the neuter adjectives also have degrees of comparison and they form their comparatives and superlatives in the same manner. Note най-общо (most generally) and най-хубаво (the best) in the dialogue. It should be remembered that the comparative degree of the adverb много (many, much) is повече, while its superlative is formed according to the general rule – най-много.

Exercises

1. Translate the sentences, using the full forms of the possessives.
a) Our friends leave tomorrow at noon.
b) His mother is a teacher.
c) My car is in the underground parking.

2. Find the short forms of the possessive adjectives from the preceding exercise.

3. Imagine yourself at a business cocktail party. Try to make conversation with some of the people you might meet there.

KEY TO THE EXERCISES

Lesson One

1. Аз съм роден(а) в София.
   Мария е жена.
   Ние сме на летището.

2. Аз не съм учителка./ Учителка ли съм?
   Това не е София./ Това София ли е?

Lesson Two

1. проверки, утра, времена, хотели, митници, куфари.

2. седмици, братя, сестри, жени.

3. В самолета има едно българско семейство.
   На улицата няма много деца.
   В Денвър има две летища.

Lesson Three

1. децата - деца, майката - майка, изхода - изход,
   багажът - багаж, таксито - такси, брояча - брояч,
   рестото - ресто

2. симпатичното, вечерята, клиентите, номера (номерът),
   движението

3. Къщата е на улица "Незабравка".
   Илиеви са в хотел "Витоша".
   Децата на Иван и Лили са в таксито.
   На улицата няма голямо движение.

Lesson Four

1. наемат(3), казвам се(3), намира се(3),
   нуждаете(1), уведомите(2)

2. говори, пристигаме, не може да чете,
   трябва да работи

3.

Аз наемам кола.   Аз не говоря български.
Ти наемаш кола.   Ти не говориш български.
Той наема кола.   Той не говори български.
Ние наемаме кола.   Ние не говорим български.
Вие наемате кола.   Вие не говорите
     български.
Те наемат кола.   Те не говорят български.

Мога ли да закуся?   Аз имам син и дъщеря.
Можеш ли да закусиш?   Ти имаш син и дъщеря.
Може ли да закуси?   Той има син и дъщеря.
Можем ли да закусим?   Ние имаме син и дъщеря.
Можете ли да   Вие имате син и дъщеря.
     закусите?
Могат ли да закусят?   Те имат син и дъщеря.

Lesson Five

1.

закусвам(imperfect)   закуся (perfect)
наемам (imperfect)   наема (perfect)
вземам (imperfect)   взема (perfect)
оставам (imperfect)   остана (perfect)
пристигна (perfect)   пристигам (imperfect)

2. говори/говорете; намери/намерете; паркирай/
   паркирайте

Lesson Six

1. Иване, хайде да вземем автобуса!
   Някои хора предпочитат вървенето пеша/да вървят
   пеша.
   В България има хубави вина.

159

2. ще кажете, ще искате ли, ще взема, ще (ви) направя, ще (ви) донеса, ще взема, ще опитам, ще (ви) препоръчам, ще желаете ли, ще ви помоля

Lesson Seven

1. Обувките са на четвъртия етаж.
   Блузата струва сто и осемдесет лева.
   Искам да купя ябълки и круши.

2. кой (м.р.) - коя (ж.р.), кое (ср.р.), кои (мн.ч.);
   колко (invariable);
   къде (invariable);
   какво (in this case - invariable)

Lesson Eight

1. поканиха, намерихте, взехме, сготвих, ядох, прекарахме

2. Слязох по стълбите на втория етаж.
   Вчера получих писмо.
   Ядох българско ястие.

Lesson Nine

1. знаеше; се чувствах; миришеше

2. Мария и Петър прекараха чудесно у Иван и Лили..
   Трудно намерихме къщата.
   Той не изглежда добре.

Lesson Ten

1. Нашите приятели заминават утре по обяд.
   Неговата майка е учителка.
   Моята кола е в подземния паркинг.

2. ни; му; ми

BULGARIAN-ENGLISH VOCABULARY

а (1) and
автобусна (трамвайна) спирка (3) bus (tram) stop
агнешки (6) lamb (adj.)
аз (1) I
ако (4) if
американец (2) American
аперитив (6) aperitif
ароматен (6) fragrant
асансьор (4) elevator
баба (1) grandmother
багаж (2) luggage
бакалски стоки (7) groceries
бакшиш (6) tip
баница (8) puffed cheese pastry
банка (1) bank
баня (8) bathroom
басейн (4) swimming pool
баща (1) father
бедро (9) thigh
бежов (7) beige
бельо (7) underwear
билет (3) ticket
билетно гише (3) ticket window
билет отиване и връщане (3) round trip ticket
билет с намаление (3) discount ticket
блед (9) pale
близки (5) relatives
близо (6) close, near
блуза (7) blouse
ботуши (7) boots
брат (1) brother
брашно (7) flour
брояч (3) ticking meter
бутилка (8) bottle
бъбрек, бъбреци (9) kidney,-s
българин (1) Bulgarian
български (2) Bulgarian (adj.)

бързам (9) to hurry, to be in a hurry
бял (6) white
бял дроб, бели дробове (9) lung,-s
в (1) in
варен (9) boiled
ваш (10) your
ваши (1) your (plural)
вдигна, вдигам (8) to lift, to raise
вдясно (4) on/to the right
веднага (4) right away
вече (1) already
вечер (2) evening
вечерта (2) in the evening
вечеря (3) dinner
вечерям (6) to have dinner
взема, вземам (2) to take, to pick up
видя, виждам (2) to see
вие (1) you (plural)
визитна картичка (10) business card
вино (6) wine
включен (4) included
вкусен (6) tasty, delicious
вляво (4) on/to the left
вляза, влизам (5) to enter
внук (1) grandson
внучка (1) granddaughter
в отделенията (1) in elementary school
врата (8) door
време (2) time
всекидневна (8) family room
все още (1) still
всички (5) all, everybody
встрани (5) beside
всякакъв (7) of all kinds, various
втори (2) second
вчера (2) yesterday
въздушна поща (5) air mail
вън (5) outside
вървя (пеша) (6) to walk

върна (се), връщам (се) (1) to come back
вътре (5) inside
вътрешен полет (3) domestic flight
глава (9) head
гледам (3) to look
глезен (9) ankle
говоря (2) to speak
година (1) year
голям (3) big
горнище (9) top
господин (4) Mr.
госпожа (4) Mrs.
гостуване (8) being a guest
готов (6) ready
град (2) town
граница (2) border (n.)
граничен (2) border (adj)
грозде (7) grapes
гръб (9) back
гръден кош (9) chest
гъба (7) mushroom
гърло (9) throat
да (2) yes
даже (8) even
далече (5) far away
дали (5) whether
дванайсти, дванадесети (5) twelfth
две (1) two
движение (3) traffic, movement
девет (7) nine
девети (9) ninth
дейност (10) activity
декларирам (2) to declare
ден (2) day
десерт (6) dessert
десет (4) ten
десети (10) tenth
дете (1) child
деца (2) children

диня (7) water-melon
директор (10) director
днес (2) today
до (4) next to, by, to, until
добре (9) well
довечера (2) tonight
договор (10) contract
догодина (2) next year
дойда (10) to come
докато (6) until, while
документ (10) document
долен (7) low, lower
дом (8) home
домакиня (8) hostess, housewife
домат (7) tomato
домашни пантофи (7) slippers
донеса, донасям (2) to bring
дотогава (10) by then
дребен (2) small
друг (4) other, another
дърво (3) tree
дъщеря (1) daughter
дядо (1) grandfather
едва (10) only, not until
един и същ (1) the same
единична стая (4) single room
една (1) a, one
език (2) language, tongue
екскурзия (1) trip
ескалатор (7) escalator
етаж (4) floor
ето (8) here is/here are
ето там (2) over there
желая (2) to wish
железопътна (авто) гара (3) railroad (bus) station
жена (1) woman, wife
женски (7) female(adj.), feminine, woman's
живея (1) to live
животно (2) animal

жилище (8) dwelling
жълт (7) yellow
за (1) for, to
завия, завивам (3) to turn, to make a turn
зад (5) behind
за да (5) in order to
заедно (1) together
закуска (4) breakfast
закуся, закусвам (4) to have breakfast
закъде (3) where to
заминаване (3) departure(s)
запазен (4) reserved
запознаване (1) meeting people, introduction
запозная (се), запознавам (се) (3) to meet, to get to
                                                know (s.b.)
започна, започвам (6) to begin, to start
затворя, затварям (7) to close
затова (6) that's why
захар (7) sugar
защо (7) why
защото (6) because
зелен (6) green
зеленчук (7) vegetable
земя (6) land, earth
зная (знам) (3) to know
зъб (9) tooth
и (1) and
играя (8) to play
и двамата (1) both
идвам (6) to come
идея (10) idea
избера, избирам (6) to choose
извикам, викам (8) to call
извън (6) out of
изглеждам (9) to look, to appear
излетя, излитам (10) to take off
изляза, излизам (6) to go out
изпит (9) exam
използвам (6) to use

изпратя, изпращам (5) to send
изход (3) exit
изям, ям (8) to eat
или (6) or
имам (1) to have
име (2) name
информация (3) information (office)
искам (1) to want
каварма (8) a kind of pork stew
кажа, казвам (6) to say, to tell
казвам се (1) my name is
как (3) how
какъв (1) what
камериерка (4) chambermaid
карта (автобусна, трамвайна, и т.н.) (3) pass
картоф (6) potato
като (6) as
кафе (6) coffee
кафене (6) cafe
кафяв (7) brown
кацна, кацам (1) to land
кашкавал (7) yellow cheese
квартал (3) district
квартира (4) lodging(s)
кисело мляко (7) yogurt
китка (9) wrist
клиент (3) customer
клон (10) branch, division
ключ (4) key
книга (8) book
кога (4) when
когато (5) when, whenever
кожа (9) skin
кожено палто (7) fur coat
кой (7) who, what
коктейл (10) cocktail party
кола (3) car
колбаси (7) sausages
колет (5) package, parcel

колко (7) how much, how many
коляно, колене (9) knee,-s
компания (6) company
компютър (1) computer
контрол (2) control
корем (9) stomach
коридор (8) hallway
коса (9) hair
костюм (7) suit
котлет (6) chop, cutlet
край (7) end
крак, крака (9) leg,-s; foot, feet
красив (8) beautiful
краставица (7) cucumber
круша (7) pear
кръв (9) blood
кръвно налягане (9) blood pressure
купя, купувам (7) to buy
куфар (2) suitcase
кухня (8) kitchen; cuisine
къде (2) where
към (8) to, towards
къси чорапи (7) socks
късмет (1) luck
къща (3) house
лакът, лакти (9) elbow,-s
лекар (1) doctor
лекарски (9) medical, doctor's
леля (1) aunt
летен (7) summer (adj.)
летище (1) airport
лилав (7) purple
лимон (7) lemon
лисица (6) fox
лице (2) face
лук (7) onion
магазин (6) store
магазинче (4) small shop
мазен (9) fatty

майка (1) mother
малко (9) a little
мамо! (3) Mom!
марка (5) stamp
маса (6) table
масло (7) butter
мебели (8) furniture
между (4) between
международен полет (3) international flight
меню (6) menu, menu card
месо (7) meat
местен (10) local
мече (2) bear-cub
мечка (2) she-bear
мечок (2) he-bear
мешан (6) mixed
ми (1) my
минувач (5) passer-by, pedestrian
минута (8) minute
мириша (8) to smell
мисля (3) to think
митница (2) customs
мляко (7) milk
много (3) very, very much
мога (2) can, may
може би (6) maybe
мой (10) my
момент (10) moment
момче (2) boy
момиче (2) girl
море (2) sea
мярка (7) measure, size
място (6) place, lot
мъж (2) man
на (1) in, on
набера, набирам (телефонен номер) (8) to dial
наблизо (5) near-by
навсякъде (5) everywhere
надявам се (3) to hope

наема, наемам (4) to rent
най-добре (7) best
най-късно (7) latest
най-напред (2) first(ly)
намеря, намирам (5) to find
направо (5) straight (ahead)
направя, правя (6) to make
настаняване (4) accommodation
натоварен (6) burdened, heavy
наш (3) our
не (1) no
негов (10) his, its
неин (10) her
нека (6) let
необходим (5) necessary
нещо (2) something
ни (1) us
ние (1) we
никъде (5) nowhere
но (1) but
номер (3) number
нощ (2) night
нуждая се (4) to need
някакъв (6) some
някои (2) some
няколко (3) several
нямам (1) to not have
нормален (9) normal
нос (9) nose
обадя (се), обаждам (се)(по телефона) (8) to call s.b.
обед (2) noon, lunch
облека (се), обличам (се) (3) to dress (s.b.)
облекло (7) clothing
обменно бюро (4) currency exchange office
обувка (7) shoe
обувки с високи токове (7) high-heeled shoes
обществен (6) public
общуване (10) socializing
обядвам (6) to have lunch

око, очи (9) eye,-s
около (5) about, approximately
онези (7) those
онова (1) that
опитам, опитвам (6) to taste, to try
оранжев (7) orange
оркестър (6) orchestra, band
освен това (6) besides
осем (5) eight
осми (8) eighth
оставя, оставям (6) to leave
остана, оставам (2) to stay
от (1) from, for
отвикна, отвиквам (9) to get out of habit
отворен (7) open (adj.)
отворя, отварям (8) to open
отдавна (2) a long time ago,
          for a long time
отида, отивам (1) to go
отседна, отсядам (2) to stay at
официален (6) formal
очила (1) glasses
още (10) yet, still
пазар (7) market
пазаруване (7) shopping
пак (7) again
палто (7) (over)coat
пане, паниран (6) breaded
панталони (7) trousers, pants
паркинг (4) parking (lot)
паркирам (4) to park
паркиране (6) parking
паспорт (2) passport (n.)
паспортен (2) passport (adj)
пет (3) five
петдесет (5) fifty
петдесет и пет (3) fifty-five
пети (5) fifth
петстотин (7) five hundred

пижама (9) pajama
пиле (7) chicken
писмо (2) letter
питие (6) drink
пиша (10) to write
пия (6) to drink
платя, плащам (6) to pay
плод (2) fruit
площад (5) square
по (3) on, along
повече (6) more
под (1) floor
подарък (2) gift
подземен (4) underground
подземие (4) basement
подобен (9) similar, such as
подпиша, подписвам (10) to sign
подредя, подреждам (багаж) (10) to pack
подходящ (10) suitable
позная, познавам (6) to know, to recognize
покажа, показвам (3) to show
покана (8) invitation
поканя, поканвам (10) to invite
покрив (8) roof
по-късно (8) later
пола (7) skirt
полицай (2) policeman
получа, получавам (7) to receive, to get
по-малък (7) smaller
помогна, помагам (8) to help
помоля, моля (6) to ask
по обяд (2) at noon
попитам, питам (9) to ask
попълня, попълвам (4) to fill out
по работа (1) on business
по-рано (8) earlier
портокал (7) orange
поръчка (6) order
после (5) then, later on

почакам (8) to wait (for a while)
почивен ден (6) holiday
поща (4) post office
правилно (3) right
праскова (7) peach
преглед (9) examination
пред (5) in front of
преди (10) before
преди малко (2) a short while ago
предложа, предлагам (4) to offer
предпочета, предпочитам (4) to prefer
през (6) during
прекалено (9) too
прекарам, прекарвам (8) to spend
прекрасен (8) wonderful
премеря, премервам (9) to measure
препечен хляб (9) toast
препоръчам, препоръчвам (6) to recommend
пресека, пресичам (5) to cross
пресечка (5) intersection
претегля, претеглям (5) to weigh
при (1) with, at
приказка (6) tale, story
приключа, приключвам (10) to finish
пристигане (3) arrival(s)
пристигна, пристигам (4) to arrive
приятел (6) friend
пробвам (7) to try on
пробна (7) fitting room
проверка (2) check-up
програма (10) program
продам, продавам (1) to sell
продавач (7) salesman
продавачка (7) saleswoman
прозорец (8) window
произведа, произвеждам (10) to produce
променя (се), променям (се) (6) to change
просто (9) just
пръст (9) finger, toe

пъпеш (7) melon
първи (1) first
първо (5) firstly, in the first place
пържен (6) fried
пържени картофи (6) French fries
пържола (6) steak
път (1) time; road
пътническо бюро (3) travel agency
пътувам (3) to travel
работа (2) work
работя (1) to work
радвам се (10) to be glad
разбера, разбирам (8) to understand
разгледам, разглеждам (1) to see, to look around
размер (7) size
разписание (3) timetable
разпродажба (7) sale
разходя се, разхождам се (5) to take a walk
ракия (6) brandy
рамо, рамене (9) shoulder,-s
ранен (9) early
рано (10) early (adv.)
регистратор (4) front desk clerk
ред (1) row
ресторант (4) restaurant
рецепция (в хотел) (4) front desk
реша, решавам (7) to decide
риба (7) fish
риза (7) shirt
роден (6) native
роден съм (1) to be born
родители (1) parents
роднини (1) relatives
розов (7) pink
рокля (7) dress
ръка (2) hand, arm
с/със (1) with
сако (7) coat
салата (6) salad, lettuce

само (2) only
самолет (1) airplane
светлосин (7) light blue
светофар (5) traffic lights
свински (6) pork (adj.)
свързан (2) connected
сготвя, сготвям (8) to cook
сграда (5) building
сега (1) now
седем (4) seven
седемдесет (3) seventy
седми (7) seventh
седмица (2) week
седна, седя (1) to sit
село (2) village
семейство (1) family, married couple
сервитьор (6) waiter
сестра (1) sister
сив (5) grey
сигурен (7) certain, sure
сигурно (1) surely
симпатичен (3) nice
син (1) son; blue (color)
сирене (7) cheese
скара (6) grilled meat
скоро (2) soon
славей (6) nightingale
сладолед (6) ice cream
след (8) after
следвашата (другата) седмица (2) next week
следващия (другия) месец (2) next month
след като (2) after
след малко (2) in a short while
следобед (2) afternoon
слива (7) plum
сливов (6) plum (adj.)
служител (2) employee, officer
сляза, слизам (5) to get off, to climb down
сметка (6) bill

снощи (2) last night
спалня (8) bedroom
спра, спирам (3) to stop
срещна (се), срещам (се)(3) to meet
срещу (5) opposite
стана, ставам (10) to get up
стая (2) room
стая за двама (4) double room
стая с баня (4) room with a bathroom
стена (8) wall
сто (7) hundred
стока (7) merchandise
стомашно смущение (9) upset stomach
страна (1) country
струвам (7) to cost
стюардеса (3) flight attendant
стълби (4) staircase, stairs
сувенир (4) souvenir
супа (6) soup
сутрин (2) morning
сутринта (2) in the morning
сух (6) dry
счупя (се), счупвам (се) (1) to break
събитие (2) event
съблека (се), събличам (се) (9) to take off (one's
                                        clothes)
съвместен (10) joint
съвсем (7) quite, perfectly
съдия (2) judge
съм (1) to be
съпруг (1) husband
съпруга (1) wife
сърце (9) heart
също (6) also
таван (8) ceiling, attic
така (6) thus, in this manner
такси (3) taxi
там (1) there
твой (10) your

те (1) they
театър (2) theater
тези (4) these
телефонен номер (8) telephone number
температура (9) temperature, fever
тениска (7) T-shirt
техен (10) their
ти (1) you
тиквеник (8) pumpkin pastry
тиквичка (7) zucchini
тих (6) quiet
то (1) it
това (1) this
той (1) he
толкова (6) so, that much
точно (9) exactly
традиционен (8) traditional
транспорт (3) transportation, transport
трапезария (8) dining room
трети (3) third
три (7) three
тридесет и пет (1) thirty-five
трийсет (тридесет) и осем (7) thirty-eight
тротоар (6) sidewalk
трудно (6) hard, difficult
тръгна, тръгвам (5) to go, to leave
трябва (4) should, must
тук (2) here
тъй като (7) since, because
тъкмо сега (10) right now
тъмносин (7) dark blue
търся (7) to look for
тя (1) she
тяло (9) body
уведомя, уведомявам (4) to notify
удобен (8) comfortable
ужасно (9) awfully
улица (3) street
у нас (3) at home

универсален магазин (7) department store
урок (1) lesson
услуга (4) service
усмихна се, усмихвам се (3) to smile
уста (9) mouth
утре (2) tomorrow
утре вечер (2) tomorrow night
ухо, уши (9) ear,-s
уча (9) to study
ученик (1) student
учителка (1) teacher
физическо състояние (9) physical condition
фоайе (4) hotel lobby
формуляр (4) form
фризьорски салон (4) hair salon
харесам, харесвам (6) to like
хиляда (7) thousand
хирург (2) surgeon
хляб (7) bread
ходя (6) to go
хол (8) living room
хора (2) people
хотел (2) hotel
храня (се) (6) to eat
хубав (6) good, nice
хубаво (8) well, good
цвете (8) flower
цвят (7) color
цена (4) price
център (2) center, downtown
цял (8) whole
чай (7) tea
чакалня (3) waiting room
чакам (1) to wait
час (7) hour
частен (4) private
че (1) that
чело (9) forehead
червен (6) red

черен (7) black
черен дроб (9) liver
череша (7) cherry
чета (4) to read
четвърти (4) fourth
четири (7) four
четирима (3) four persons
четиринайсет, четиринадесет (5) fourteen
четирисет (четиридесет) и шест (7) forty-six
четирисет (четиридесет) и осем (7) forty-eight
чий (7) whose
чиновник (5) clerk
чифт (7) pair
чичо (1) uncle
човек (2) man, person
човешки (9) human
чорапогащник (7) panty hose
чувствам (се) (6) to feel
чудесно (3) splendid, perfect
чушка (7) bell pepper
чуя, чувам (6) to hear
шампанско (8) champagne
шест (7) six
шести (6) sixth
шлифер (7) raincoat
шницел (6) schnitzel, breaded cutlet
шоколад (8) chocolate
шопски (6) shopp (adj.), belonging to Sofia
district
шофьор (3) driver
ще (5) will
щом (5) as soon as
ъгъл (5) corner, angle
ябълка (7) apple
ягода (7) strawberry
яйца (7) eggs
яке (7) jacket
ястие (6) dish, meal

ENGLISH–BULGARIAN VOCABULARY

a long time ago (2) отдавна
a short while ago (2) преди малко
about (5) около
accommodation (4) настаняване
activity (10) дейност
after (2) след, след като
after (8) след
afternoon (2) следобед
again (7) пак
air mail (5) въздушна поща
airplane (1) самолет
airport (1) летище
all (5) всички
already (1) вече
also (6) също
American (2) американец, американски
and (1) а, и
animal (2) животно
ankle (9) глезен
aperitif (6) аперитив
apple (7) ябълка
arrival(s) (3) пристигане
to arrive (4) пристигна, пристигам
as (6) като
as soon as (5) щом
corner (5) ъгъл
to ask (6) помоля, моля; попитам, питам
at home (3) у нас
at noon (2) по обяд
aunt (1) леля
awfully (9) ужасно
back (9) гръб
band (6) оркестър
bank (1) банка
basement (4) подземие, мазе
bathroom (8) баня
to be (1) съм

to be born (1) роден съм
to be glad (10) радвам се
bear-cub (2) мече
beautiful (8) красив
because (6) защото, тъй като
bedroom (8) спалня
before (10) преди
to begin(6) започна, започвам
behind (5) зад
beige (7) бежов
being a guest (8) гостуване
bell pepper (7) чушка
beside (5) встрани, до
besides (6) освен това
best (7) най-добре
between (4) между
big (3) голям
bill (6) сметка
black (7) черен
blood (9) кръв
blood pressure (9) кръвно налягане
blouse (7) блуза
body (9) тяло
boiled (9) варен
book (8) книга
boots (7) ботуши
border (2) граница, граничен
both (1) и двамата
bottle (8) бутилка
boy (2) момче
branch (10) клон
brandy (6) ракия
bread (7) хляб
breaded (6) пане, паниран
breaded cutlet (6) шницел
to break (1) счупя (се), счупвам (се)
breakfast (4) закуска
to bring (2) донеса, донасям
brother (1) брат

brown (7) кафяв
building (5) сграда
Bulgarian (1) българин, български
bus (tram) stop (3) автобусна (трамвайна) спирка
business card (10) визитна картичка
but (1) но
butter (7) масло
to buy (7) купя, купувам
by then (10) дотогава
cafe (6) кафене
to call (8) извикам, викам
to call s.b. (8) обадя (се), обаждам (се) (по телефона)
can (2) мога
car (3) кола
ceiling (8) таван
center (2) център
chambermaid (4) камериерка
champagne (8) шампанско
to change (6) променя (се), променям (се)
check-up (2) проверка
cheese (7) сирене
cherry (7) череша
chest (9) гръден кош
chicken (7) пиле
child (1) дете
children (2) деца
chocolate (8) шоколад
to choose (6) избера, избирам
chop (6) котлет
clerk (5) чиновник
to close (7) затворя, затварям
close (6) близо
clothing (7) облекло
coat (7) сако
cocktail party (10) коктейл
coffee (6) кафе
color (7) цвят
to come (6) дойда, идвам
to come back (1) върна (се), връщам (се)

comfortable (8) удобен
company (6) компания
computer (1) компютър
connected (2) свързан
contract (10) договор
control (2) контрол
to cook (8) сготвя, сготвям
to cost (7) струвам
country (1) страна
to cross (5) пресека, пресичам
cucumber (7) краставица
currency exchange office (4) обменно бюро
customer (3) клиент
customs (2) митница
dark blue (7) тъмносин
daughter (1) дъщеря
day (2) ден
to decide (7) реша, решавам
to declare (2) декларирам
department store (7) универсален магазин
departure(s) (3) заминаване
dessert (6) десерт
to dial (8) набера, набирам (телефонен номер)
difficult (6) трудно
dining room (8) трапезария
dinner (3) вечеря
director (10) директор
discount ticket (3) билет с намаление
dish (6) ястие
district (3) квартал
doctor (1) лекар
document (10) документ
domestic flight (3) вътрешен полет
door (8) врата
double room (4) стая за двама
dress (7) рокля
to dress (s.b.) (3) облека (се), обличам (се)
drink (6) питие
to drink (6) пия

driver (3) шофьор
dry (6) сух
during (6) през
dwelling (8) жилище
ear,-s (9) ухо, уши
earlier (8) по-рано
early (9) ранен, рано
to eat (6) храня се, изям, ям
eggs (7) яйца
eight (5) осем
eighth (8) осми
elbow,-s (9) лакът, лакти
elevator (4) асансьор
end (7) край
to enter (5) вляза, влизам
escalator (7) ескалатор
even (8) даже
evening (2) вечер
event (2) събитие
everywhere (5) навсякъде
exactly (9) точно
examination (9) преглед, изпит
exit (3) изход
eye,-s (9) око, очи
face (2) лице
family (1) семейство
family room (8) всекидневна
far away (5) далече
father (1) баща
fatty (9) мазен
to feel (6) чувствам (се)
female (7) женски
fever (9) температура; треска
fifth (5) пети
fifty (5) петдесет
fifty-five (3) петдесет и пет
to fill out (4) попълня, попълвам
to find (5) намеря, намирам
finger (9) пръст

to finish (10) приключа, приключвам
first (1) първи
first(ly) (2) най-напред
fish (7) риба
fitting room (7) пробна
five (3) пет
five hundred (7) петстотин
flight attendant (3) стюардеса
floor (1) под, етаж
flour (7) брашно
flower (8) цвете
for (1) за
forehead (9) чело
form (4) формуляр
formal (6) официален
forty-eight (7) четирисет (четиридесет) и осем
forty-six (7) четирисет (четиридесет) и шест
four (7) четири
fourteen (5) четиринайсет, четиринадесет
fourth (4) четвърти
fox (6) лисица
fragrant (6) ароматен
French fries (6) пържени картофи
fried (6) пържен
friend (6) приятел
from (1) от
front desk (4) рецепция (в хотел); регистратура
front desk clerk (4) регистратор
fruit (2) плод
fur coat (7) кожено палто
furniture (8) мебели
to get (7) получа, получавам
to get off (5) сляза, слизам
to get out of habit (9) отвикна, отвиквам
to get up (10) стана, ставам
gift (2) подарък
girl (2) момиче
glasses (1) очила
to go (1) отида, отивам; тръгна, тръгвам

to go out (6) изляза, излизам
good (6) хубав, хубаво
granddaughter (1) внучка
grandfather (1) дядо
grandmother (1) баба
grandson (1) внук
grapes (7) грозде
green (6) зелен
grey (5) сив
grilled meat (6) скара
groceries (7) бакалски стоки
hair (9) коса
hair salon (4) фризьорски салон
hallway (8) коридор
hand (2) ръка
to have (1) имам
to have breakfast (4) закуся, закусвам
to have lunch (6) обядвам
to have dinner (6) вечерям
he (1) той
he-bear (2) мечок
head (9) глава
to hear (6) чуя, чувам
heart (9) сърце
heavy (6) натоварен, тежък
to help (8) помогна, помагам
her (10) неин
here (2) тук
here is/here are (8) ето
high-heeled shoes (7) обувки с високи токове
his (10) негов
holiday (6) почивен ден
home (8) дом
to hope (3) надявам се
hostess (8) домакиня
hotel lobby (4) фоайе
hotel (2) хотел
hour (7) час
house (3) къща

how (3) как
how much (7) колко
human (9) човешки
hundred (7) сто
to hurry (9) бързам
husband (1) съпруг
I (1) аз
ice cream (6) сладолед
idea (10) идея
if (4) ако
in (1) в
in a short while (2) след малко
in elementary school (1) в отделенията
in front of (5) пред
in order to (5) за да
in the evening (2) вечерта
in the morning (2) сутринта
included (4) включен
information (office) (3) информация
inside (5) вътре
international flight (3) международен полет
intersection (5) пресечка
invitation (8) покана
to invite (10) поканя, поканвам
it (1) то
jacket (7) яке
joint (10) съвместен
judge (2) съдия
just (9) просто
key (4) ключ
kidney,-s (9) бъбрек, бъбреци
kitchen (8) кухня
knee,-s (9) коляно, колене
to know (3) зная (знам); позная, познавам
lamb (6) агне, агнешки
to land (1) кацна, кацам
land (6) земя
language (2) език
last night (2) снощи

later (8) по-късно
latest (7) най-късно
to leave (6) оставя, оставям
leg,-s (9) крак, крака
lemon (7) лимон
lesson (1) урок
let (6) нека
letter (2) писмо
to lift (8) вдигна, вдигам
light blue (7) светлосин
to like (6) харесам, харесвам
little (9) малък, малко
to live (1) живея
liver (9) черен дроб
living room (8) хол
local (10) местен
lodging(s) (4) квартира
to look (3) гледам; изглеждам
to look for (7) търся
low (7) долен
luck (1) късмет
luggage (2) багаж
lung,-s (9) бял дроб, бели дробове
to make (6) направя, правя
man (2) мъж
market (7) пазар
married couple (1) съпружеска двойка, семейство
maybe (6) може би
to measure (9) премеря, премервам
meat (7) месо
medical (9) медицински, лекарски
to meet (3) срещна (се), срещам (се)
to meet (s.b.) (3) запозная (се), запознавам (се)
meeting people (1) запознаване
melon (7) пъпеш
menu (6) меню
merchandise (7) стока
milk (7) мляко
minute (8) минута

mixed (6) мешан, смесен
Mom! (3) мамо!
moment (10) момент
more (6) повече
morning (2) сутрин
mother (1) майка
mouth (9) уста
Mr. (4) господин
Mrs. (4) госпожа
mushroom (7) гъба
my (1) ми, мой
name (2) име
native (6) роден
near-by (5) наблизо
necessary (5) необходим
to need (4) нуждая се
next month (2) следващия (другия) месец
next to (4) до
next week (2) следвашата (другата) седмица
next year (2) догодина
nice (3) симпатичен
night (2) нощ
nightingale (6) славей
nine (7) девет
ninth (9) девети
no (1) не
noon (2) обед
normal (9) нормален
nose (9) нос
to not have (1) нямам
to notify (4) уведомя, уведомявам
now (1) сега
nowhere (5) никъде
number (3) номер
of all kinds (7) всякакъв
to offer (4) предложа, предлагам
officer (2) служител; офицер
on (1) на; по
on business (1) по работа

on/to the left (4) вляво
on/to the right (4) вдясно
one (1) една
onion (7) лук
only (2) само; едва
to open (8) отворя, отварям
open (7) отворен
opposite (5) срещу
or (6) или
orange (7) портокал; оранжев
order (6) поръчка
other (4) друг
our (3) наш
out of (6) извън
outside (5) вън
over there (2) ето там
overcoat (7) палто
to pack (10) подредя, подреждам (багаж)
package (5) пакет, колет
pair (7) чифт
pajama (9) пижама
pale (9) блед
panty hose (7) чорапогащник
parents (1) родители
to park (4) паркирам
parking (6) паркиране
parking (lot) (4) паркинг
pass (3) карта (автобусна, трамвайна, и т.н.)
passer-by (5) минувач
passport (2) паспорт, паспортен
to pay (6) платя, плащам
peach (7) праскова
pear (7) круша
people (2) хора
perfect (3) чудесен, чудесно
physical condition (9) физическо състояние
pink (7) розов
place (6) място
to play (8) играя; свиря

plum (6) слива, сливов
policeman (2) полицай
pork (adj.) (6) свински
post office (4) поща
potato (6) картоф
to prefer (4) предпочета, предпочитам
price (4) цена
private (4) частен
to produce (10) произведа, произвеждам
program (10) програма
public (6) обществен
puffed cheese pastry (8) баница
pumpkin pastry (8) тиквеник
purple (7) лилав
quiet (6) тих
quite (7) съвсем
railroad (bus) station (3) железопътна (авто) гара
raincoat (7) шлифер
to read (4) чета
ready (6) готов
to recommend (6) препоръчам, препоръчвам
red (6) червен
relatives (1) роднини; близки
to rent (4) наема, наемам
reserved (4) запазен
restaurant (4) ресторант
right (3) правилно, правилен; дясно, десен
right away (4) веднага
right now (10) тъкмо сега
roof (8) покрив
room (2) стая
room with a bathroom (4) стая с баня
round trip ticket (3) билет отиване и връщане
row (1) ред
salad (6) салата
sale (7) разпродажба
salesman (7) продавач
saleswoman (7) продавачка
same (1) един и същ, същия

sausages (7) колбаси
to say (6) кажа, казвам
sea (2) море
second (2) втори
to see (1) видя, виждам; разгледам, разглеждам
to sell (1) продам, продавам
to send (5) изпратя, изпращам
service (4) услуга
seven (4) седем
seventh (7) седми
seventy (3) седемдесет
several (3) няколко
she (1) тя
she-bear (2) мечка
shirt (7) риза
shoe (7) обувка
shopping (7) пазаруване
should (4) трябва
shoulder,-s (9) рамо, рамене
to show (3) покажа, показвам
sidewalk (6) тротоар
to sign (10) подпиша, подписвам
similar (9) подобен
single room (4) единична стая
sister (1) сестра
to sit (1) седна, седя
six (7) шест
sixth (6) шести
size (7) мярка, размер
skin (9) кожа
skirt (7) пола
slippers 7) домашни пантофи
small (2) дребен, малък
small shop (4) магазинче
smaller (7) по-малък
to smell (8) мириша
to smile (3) усмихна се, усмихвам се
so (6) толкова
socializing (10) общуване

socks (7) къси чорапи
some (6) някакъв
something (2) нещо
son (1) син
soon (2) скоро
soup (6) супа
souvenir (4) сувенир
to speak (2) говоря
to spend (8) прекарам, прекарвам
square (5) площад
stairs (4) стълби
stamp (5) марка
to stay (2) остана, оставам
to stay at (2) отседна, отсядам
steak (6) пържола
still (1) все още
stomach (9) корем
to stop (3) спра, спирам
store (6) магазин
straight (ahead) (5) направо
strawberry (7) ягода
street (3) улица
student (1) ученик
to study (9) уча
sugar (7) захар
suit (7) костюм
suitable (10) подходящ
suitcase (2) куфар
summer (adj.) (7) летен
sure (7) сигурен; разбира се
surely (1) сигурно
surgeon (2) хирург
swimming pool (4) басейн
T-shirt (7) тениска
table (6) маса
to take (2) взема, вземам
to take a walk (5) разходя се, разхождам се
to take off (10) излетя, излитам

to take off (one's clothes) (9) съблека (се),
събличам (се)

tale (6) приказка

to taste (6) опитам, опитвам

tasty (6) вкусен

taxi (3) такси

tea (7) чай

teacher (1) учителка

telephone number (8) телефонен номер

ten (4) десет

tenth (10) десети

that (1) онова; че

that's why (6) затова

theater (2) театър

their (10) техен

then (5) после, тогава

there (1) там

these (4) тези

they (1) те

thigh (9) бедро

to think (3) мисля

third (3) трети

thirty-eight (7) трийсет (тридесет) и осем

thirty-five (1) тридесет и пет

this (1) това

those (7) онези

thousand (7) хиляда

three (7) три

throat (9) гърло

thus (6) така

ticket (3) билет

ticket window (3) билетно гише

ticking meter (3) брояч

time (1) време; път

timetable (3) разписание

tip (6) бакшиш

to (8) към

toast (9) препечен хляб

today (2) днес

together (1) заедно
tomato (7) домат
tomorrow (2) утре
tomorrow night (2) утре вечер
tonight (2) довечера
too (9) прекалено; също
tooth (9) зъб
top (9) горнище
town (2) град
traditional (8) традиционен
traffic lights (5) светофар
traffic (3) улично движение
transportation (3) транспорт
to travel (3) пътувам
travel agency (3) пътническо бюро
tree (3) дърво
trip (1) екскурзия
trousers (7) панталони
to try on (7) пробвам
to turn (3) завия, завивам
twelfth (5) дванайсти, дванадесети
two (1) две
uncle (1) чичо
underground (4) подземен
to understand (8) разбера, разбирам
underwear (7) бельо
until (6) докато
upset stomach (9) стомашно смущение
us (1) ни
to use (6) използвам
vegetable (7) зеленчук
very (3) много
village (2) село
to wait (1) чакам
to wait (for a while) (8) почакам
waiter (6) сервитьор
waiting room (3) чакалня
to walk (6) вървя (пеша)
wall (8) стена

to want (1) искам
water melon (7) диня
we (1) ние
week (2) седмица
to weigh (5) претегля, претеглям
well (9) добре
what (1) какъв, какво
when (4) кога
whenever (5) когато
where (2) къде
where to (3) закъде
whether (5) дали
white (6) бял
who (7) кой
whole (8) цял
whose (7) чий
why (7) защо
wife (1) съпруга
will (5) ще
window (8) прозорец
wine (6) вино
to wish (2) желая
with (1) при; с/със
woman (1) жена
wonderful (8) прекрасен
to work (1) работя
work (2) работа
wrist (9) китка
to write (10) пиша
year (1) година
yellow (7) жълт
yellow cheese (7) кашкавал
yes (2) да
yesterday (2) вчера
yet (10) още
yogurt (7) кисело мляко
you (1) ти, вие
your (1) твой, ваш
zucchini (7) тиквичка

BULGARIAN-ENGLISH EXPRESSIONS

Аз не говоря български. (1)
I don't speak Bulgarian.

Аз ще взема/ще си поръчам... (6)
I'll have ...

Ако обичате ... (2)
Please ... Could you please...

Ако се нуждаете от ... (4)
If you need ...

Алергичен съм към... (9)
I'm allergic to...

Ами вие/ти? (1)
How about you?

Беше ми приятно да се запознаем. (1)
It was nice meeting you.

Бих искал да ви запозная с ... (1)
I'd like you to meet ...

Бих искал да говоря с управителя на хотела (4)
I'd like to talk to the hotel manager.

Бих искал да запазя една двойна стая за следващия понеделник. (4)
I'd like to reserve a double room for next Monday.

Бих искал чаша/бутилка вино. (6)
I'd like a glass/bottle of wine.

Бихте ли ми показали друг/, -а/, -о? (7)
Could you show me another one?

Бихте ли ни казали ... ? (4)
Could you tell us ...?

Благодаря! (1)
Thank you!

Болен съм. (9)
I'm sick.

Боли ме главата. (9)
I've a headache.

Боли ме коремът/гърлото/зъб/. (9)
I've a stomach-ache/ sore throat/ toothache.

Българин ли сте? (l)
Are you Bulgarian?

вдигам масата (8)
to clear the table

в дъното на (4)
at the far end of

вие ми се свят (9)
I'm feeling dizzy

Вижте! (1)
Look!

В колко часа? (8)
At what time?

Влакът пристига на централна гара (3)
The train arrives at the main station.

Всичко е наред. (2)
Everything is all right.

Всичко най-хубаво! (10)	All the best!
Вървете до края на улицата. (5)	Go to the end of the street.
Говорите ли английски? (1)	Do you speak English?
говоря с някого на "ти" (6)	to address s.b. familiarly
Голям/малък ли е дворът? (4)	Is the yard big/small?
Да вземем такси! (3)	Let's take a taxi!
Да, разбира се. (1)	Yes, of course.
Добро утро. (2)	Good morning.
Добър вечер. (6)	Good evening.
Довиждане. (2)	Good bye.
Доколкото знам ... (4)	As far as I know...
Дължи се на ... (9)	It is due to...
Елате ... (3)	Come ...
Желая ти/ви успех! (10)	Good luck!
Завийте наляво/надясно. (5)	Turn left/right.
Задръжте рестото. (3)	Keep the change.
Заповядайте ... (2)	Here you are .../Here is (are)...
Заповядайте. / Влезте. (8)	Come in./ Enter.
Запознайте се с ... (1)	Meet ...
Звъни се. (8)	The bell is ringing.
Здравей! /Здравейте! (8)	Hi!
Здрав съм. (9)	I'm healthy.
И аз. (6)	Me too.
Извинете! (1)	Excuse me!
Изглежда, че ... (9)	It seems that...
Изморен съм. (9)	I'm tired.
Има голяма нужда от ... (10)	There is a great need of ...
Има ли двор? (4)	Is there a yard?
Има ли топла вода/парно отопление? (4)	Is there hot water/ central heating?
Имам грип. (9)	I've the flu.
Имам диабет. (9)	I'm diabetic.
Имам нужда от зъболекар. (9)	I need a dentist.
Имам разстройство. (9)	I've diarrhea.
Имам/нямам температура. (9)	I have/I don't have fever.

Имате ли по-евтин/,-а/,-о? (7)	Is there a cheaper one?
Имате ли свободна маса? (6)	Is there a table available?
Имате ли свободни стаи? (4)	Do you have any rooms available?
Имате нужда от рецепта. (9)	You need a prescription.
И на вас. (3)	You too.
Какво ми е?/какво ти е?, и т.н. (9)	What's wrong with me/you, etc.?
Какво работите? (1)	What do you do for a living?
Какво ще кажете за ...? (6)	How about ...?
Какво ще обичате? (7)	May I help you?
Как се казвате? (1)	What's your name?
канен съм на вечеря/на обяд, и т.н. (у някого) (8)	to be invited to dinner/lunch, etc. (at somebody's place)
качвам се в кола, автобус, трамвай, влак, самолет (3)	to get on a car, bus, tram, train, plane
Кашлям. (9)	I've a cough.
Кога пристига влакът? (3)	What time does the train arrive?
Кога тръгва? (3)	What time does it leave?
Колко ви дължа? (3)	How much is it?
Колко време... (2)	How long ...
Колко е наемът? (4)	How much is the rent?
Колко стаи има апартаментът/ къщата? (4)	How many rooms are there in the apartment/ the house?
Колко струва на ден? (4)	How much is it per day?
Магазинът е отворен/затворен. (7)	The store is open/ closed.
Мисля, че не. (1)	No, I don't think so.
Много ви благодаря. (2)	Thank you very much.
Много е скъп/,-а/,-о. (7)	It is very expensive.
Много мило от тяхна страна. (8)	It's very nice of them.
Мога ли ... ? (2)	May I ...?

Можете ли да ми кажете
    къде е хотел X./ресторант
        Y., и т.н. ? (5)
Моля ... (2)

на всяка цена (10)
Наздраве! (6)
Най-добре е да ... (7)

Най-общо казано ... (10)
Намира се на ... (4)
Настинал съм. (9)
на ъгъла (5)
Не, американец съм. (l)
Не е далеч (оттук). (5)
Нека да бъде ... (6)
Не ми харесва моделът. (7)
Не съм сигурен./Сигурен съм.
                    (7)
Нещо ме боли. (9)
Няма да можем да си чуваме
            приказката (6)
Нямам апетит. (9)
Няма нищо сериозно. (9)

Няма топла вода. (4)
Обслужването беше отлично.
                    (4)
От другата страна на улицата
            е. (5)
отивам на пазар/пазарувам (7)
Откъде сте? (1)
пазя диета (9)
пиша (компютърни) програми
                    (10)
Побързай! /Побързайте! (8)
Позволете ми да се
        представя. (1)
Познавате ли се? (1)

Can you tell me where
    hotel X./ restaurant
        Y., etc. is ?
Please ... You are
        welcome.
by all means
Cheers!
I (you, etc.) better
        (do s.th.)...
Generally speaking ...
It is on ...
I've a cold.
at the corner
No, I'm American.
It's not far away.
Let it be ...
I don't like the style.
I'm not sure./I'm sure.

S.th. hurts me.
We won't be able to
    hear each other.
I've no appetite.
There is nothing
        serious.
There is no hot water.
The service was
        excellent.
It's on the other side
        of the street.
to go shopping
Where are you from?
to be on a diet
to write software

Hurry up!
Let me introduce
        myself.
Have you met?

По мярка ми е./Не ми е по мярка. (7)	It fits me./It doesn't fit me.
Прав сте. (3)	You are right.
правя компания (на някого) (6)	to keep (s.b.) company
прекарвам чудесно (8)	to have a great (wonderful) time
Прекрасно! (6)	Terrific!
Приятен ден. (3)	Have a nice day.
Приятно ми е. (1)	Pleased to meet you.
Приятно прекарване! (2)	Have a nice time!
Приятно пътуване! (10)	Have a nice trip!
Продължавайте все направо. (5)	Keep straight on.
работно време (на магазин) (7)	business hours (of a store)
Радиото не работи. (4)	The radio doesn't work.
Разбира се. (2)	Of course.
Самолетът има закъснение. (3)	The flight has been delayed.
Слава богу ... (3)	Thank god ...
слизам/качвам се по стълбите (7)	to go down/up the stairs
Става късно. (8)	It's getting late.
стигам (дотам) пеша (5)	to go (there) on foot
Страдам от безсъние. (9)	I suffer from insomnia.
Студено ми е./ Топло ми е. (9)	I'm cold./ I'm hot.
Счупих си/ навяхнах си крака. (9)	I've broken/ twisted my leg.
Съжалявам ... (6)	I am sorry ...
Това зелено е прекалено тъмно. (7)	This green color is too dark.
Този цвят не ми отива. (7)	This color doesn't suit me.
Точно насреща е. (5)	It's directly opposite.
Точно така. (4)	That's right.
Тръгнете насам/натам. (5)	Go this/that way.
Тръгнете по улица Х. (5)	Take X. Street.
Трябва ми карта на града. (5)	I need a map of the city.

Търся апартамент/къща под наем. (4)	I need to rent an apartment/a house.
Търся мебелиран/немебелиран апартамент. (4)	I'm looking for a furnished/unfurnished apartment.
Хайде да тръгваме! (3)	Let's go.
Харесва ли ви този цвят? (7)	How do you like this color?
Чувствам се зле/добре. (9)	I feel bad./I feel well.
Шумна/тиха ли е улицата? (4)	Is the street noisy/quiet?
Ще ви трябват... (3)	You will need ...
Ще държим връзка. (10)	We'll be in touch.
Ще се видим вкъщи. (3)	See you at home.

ENGLISH-BULGARIAN EXPRESSIONS

to address s.b. familiarly (6) — говоря с някого на "ти"

All the best! (10) — Всичко най-хубаво!

Are you Bulgarian? (1) — Българин ли сте?

As far as I know... (4) — Доколкото знам ...

at the corner (5) — на ъгъла

at the far end of (4) — в дъното на

At what time? (8) — В колко часа?

to be invited to dinner/lunch, etc. (at somebody's place) (8) — канен съм на вечеря/на обяд, и т.н. (у някого)

to be on a diet (9) — пазя диета

business hours (of a store) (7) — работно време (на магазин)

by all means (10) — на всяка цена

Can you tell me where hotel X./ restaurant Y., etc. is ? (5) — Можете ли да ми кажете къде е хотел X./ресторант Y., и т.н. ?

Cheers! (6) — Наздраве!

to clear the table (8) — вдигам масата

Come ... (3) — Елате ...

Come in./ Enter. (8) — Заповядайте. / Влезте.

Could you show me another one? (7) — Бихте ли ми показали друг/, -а/, -о?

Could you tell us ...? (4) — Бихте ли ни казали ... ?

Do you have any rooms available? (4) — Имате ли свободни стаи?

Do you speak English? (1) — Говорите ли английски?

Everything is all right. (2) — Всичко е наред.

Excuse me! (1) — Извинете!

Generally speaking ... (10) — Най-общо казано ...

to get on a car, bus, tram, train, plane(3) — качвам се в кола, автобус, трамвай, влак, самолет

to go (there) on foot (5) — стигам (дотам) пеша

202

to go down/up the stairs (7)	слизам/качвам се по стълбите
to go shopping (7)	отивам на пазар/пазарувам
Go this/that way. (5)	Тръгнете насам/натам.
Go to the end of the street. (5)	Вървете до края на улицата.
Good bye. (2)	Довиждане.
Good evening. (6)	Добър вечер.
Good luck! (10)	Желая ти/ви успех!
Good morning. (2)	Добро утро.
to have a great (wonderful) time (8)	прекарвам чудесно
Have a nice day. (3)	Приятен ден.
Have a nice time! (2)	Приятно прекарване!
Have a nice trip! (10)	Приятно пътуване!
Have you met? (1)	Познавате ли се?
Here you are .../Here is (are)... (2)	Заповядайте ...
Hi! (8)	Здравей! /Здравейте!
How about ...? (6)	Какво ще кажете за ...?
How about you? (1)	Ами вие/ти?
How do you like this color? (7)	Харесва ли ви този цвят?
How long ... (2)	Колко време...
How many rooms are there in the apartment/ the house? (4)	Колко стаи има апартаментът/ къщата?
How much is it per day? (4)	Колко струва на ден?
How much is it? (3)	Колко ви дължа?
How much is the rent? (4)	Колко е наемът?
Hurry up! (8)	Побързай! /Побързайте!
I (you, etc.) better (do s.th.)... (7)	Най-добре е да ...
I am sorry ... (6)	Съжалявам ...
I don't like the style. (7)	Не ми харесва моделът.
I don't speak Bulgarian. (1)	Аз не говоря български.
I feel bad./I feel well. (9)	Чувствам се зле/добре.

I have/I don't have fever. (9)	Имам/нямам температура.
I need a dentist. (9)	Имам нужда от зъболекар.
I need a map of the city. (5)	Трябва ми карта на града.
I need to rent an apartment/a house.(4)	Търся апартамент/къща под наем.
I suffer from insomnia. (9)	Страдам от безсъние.
I'd like a glass/bottle of wine. (6)	Бих искал чаша/бутилка вино.
I'd like to reserve a double room for next Monday. (4)	Бих искал да запазя една двойна стая за следващия понеделник.
I'd like to talk to the hotel manager. (4)	Бих искал да говоря с управителя на хотела
I'd like you to meet ... (1)	Бих искал да ви запозная с ...
I'll have ... (6)	Аз ще взема/ще си поръчам...
I'm allergic to... (9)	Алергичен съм към...
I'm cold./ I'm hot. (9)	Студено ми е./ Топло ми е.
I'm diabetic. (9)	Имам диабет.
I'm feeling dizzy. (9)	Вие ми се свят.
I'm healthy. (9)	Здрав съм.
I'm looking for a furnished/unfurnished apartment. (4)	Търся мебелиран/немебелиран апартамент.
I'm not sure./I'm sure. (7)	Не съм сигурен./Сигурен съм.
I'm sick. (9)	Болен съм.
I'm tired. (9)	Изморен съм.
I've a cold. (9)	Настинал съм.
I've a cough. (9)	Кашлям.
I've a headache. (9)	Боли ме главата.
I've a stomach-ache/ sore throat/ toothache. (9)	Боли ме коремът/гърлото/зъб/.
I've broken/twisted my leg. (9)	Счупих си/ навяхнах си крака.

I've diarrhea. (9)	Имам разстройство.
I've no appetite. (9)	Нямам апетит.
I've the flu. (9)	Имам грип.
If you need ... (4)	Ако се нуждаете от …
Is the street noisy/ quiet? (4)	Шумна/тиха ли е улицата?
Is the yard big/small? (4)	Голям/малък ли е дворът?
Is there a cheaper one? (7)	Имате ли по-евтин/,-а/,-о?
Is there a table available? (6)	Имате ли свободна маса?
Is there a yard? (4)	Има ли двор?
Is there hot water/ central heating? (4)	Има ли топла вода/парно отопление?
It fits me./It doesn't fit me. (7)	По мярка ми е./Не ми е по мярка.
It is due to... (9)	Дължи се на …
It is on ... (4)	Намира се на …
It is very expensive. (7)	Много е скъп/,-а/,-о.
It seems that... (9)	Изглежда, че …
It was nice meeting you. (1)	Беше ми приятно да се запознаем.
It's directly opposite. (5)	Точно насреща е.
It's getting late. (8)	Става късно.
It's not far away. (5)	Не е далеч (оттук).
It's on the other side of the street. (5)	От другата страна на улицата е.
It's very nice of them. (8)	Много мило от тяхна страна.
to keep (s.b.) company (6)	правя компания (на някого)
Keep straight on. (5)	Продължавайте все направо.
Keep the change. (3)	Задръжте рестото.
Let it be ... (6)	Нека да бъде …
Let me introduce myself. (1)	Позволете ми да се представя.
Let's go. (3)	Хайде да тръгваме!
Let's take a taxi! (3)	Да вземем такси!

Look! (1)	Вижте!
May I ...? (2)	Мога ли ... ?
May I help you? (7)	Какво ще обичате?
Me too. (6)	И аз.
Meet ... (1)	Запознайте се с ...
My name is ...(1)	Казвам се ...
No, I don't think so. (1)	Мисля, че не.
No, I'm American. (1)	Не, американец съм.
Of course. (2)	Разбира се.
Please ... Could you please... (2)	Ако обичате ...
Please ... You are welcome. (2)	Моля ...
Pleased to meet you.(1)	Приятно ми е.
S.th. hurts me. (9)	Нещо ме боли.
See you at home. (3)	Ще се видим вкъщи.
Take X. Street. (5)	Тръгнете по улица X.
Terrific! (6)	Прекрасно!
Thank god ... (3)	Слава богу ...
Thank you very much.(2)	Много ви благодаря.
Thank you! (1)	Благодаря!
That's right. (4)	Точно така.
The bell is ringing.(8)	Звъни се.
The flight has been delayed. (3)	Самолетът има закъснение.
The radio doesn't work. (4)	Радиото не работи.
The service was excellent.(4)	Обслужването беше отлично.
The store is open/ closed. (7)	Магазинът е отворен/затворен.
The train arrives at the main station.(3)	Влакът пристига на централна гара
There is a great need of ... (10)	Има голяма нужда от ...
There is no hot water. (4)	Няма топла вода.
There is nothing serious. (9)	Няма нищо сериозно.
This color doesn't suit me. (7)	Този цвят не ми отива.

This green color is too dark. (7)	Това зелено е прекалено тъмно.
Turn left/right. (5)	Завийте наляво/надясно.
We won't be able to hear each other. (6)	Няма да можем да си чуваме приказката
We'll be in touch. (10)	Ще държим връзка.
What do you do for a living? (1)	Какво работите?
What time does it leave? (3)	Кога тръгва?
What time does the train arrive? (3)	Кога пристига влакът?
What's wrong with me/you, etc.? (9)	Какво ми е?/какво ти е?, и т.н.
What's your name? (1)	Как се казвате?
Where are you from? (1)	Откъде сте?
to write software (10)	пиша (компютърни) програми
Yes, of course. (1)	Да, разбира се.
You are right. (3)	Прав сте.
You need a prescription. (9)	Имате нужда от рецепта.
You too. (3)	И на вас.
You will need ... (3)	Ще ви трябват...

HIPPOCRENE BEGINNER'S SERIES

Do you know what it takes to make a phone call in Russia? Or how to get through customs in Japan? How about inviting a Czech friend to dinner while visiting Prague? This new language instruction series shows how to handle oneself in typical, day-to-day situations by introducing the business person or traveler not only to the common vocabulary, grammar, and phrases of a new language, but also to the history, customs and daily practices of a foreign country.

The Beginner's Series consists of basic language instruction, which includes vocabulary, grammar, and common phrases and review questions; along with cultural insights, interesting historical background, the country's basic facts, and hints about everyday living—driving, shopping, eating out, making phone calls, extending and accepting an invitation and much more.

Each guide is 250 pages, 5 1/2 x 8 1/2.

Beginner's Brazilian Portuguese
0-7818-0338-1 • $9.95
2 Cassettes
0-7818-0339-X • $12.95

Beginner's Czech
0-7818-0231-8 • $9.95

Beginner's Esperanto
0-7818-0230-X • $14.95 (400 pages)

Beginner's Hungarian
0-7818-0209-1 • $7.95

Beginner's Japanese
0-7818-0234-2 • $11.95

Beginner's Polish
0-7818-0299-7 • $9.95
2 Cassettes
0-7818-0330-6 • $12.95

Beginner's Romanian
0-7818-0208-3 • $7.95

Beginner's Russian
0-7818-0232-6 • $9.95

Beginner's Swahili
0-7818-0335-7 • $9.95
2 Cassettes
0-7818-0339-X • $12.95

SLAVIC AND BALTIC LANGUAGE DICTIONARIES FROM HIPPOCRENE

Bulgarian-English/English-Bulgarian Practical Dictionary
0331   ISBN 0-87052-145-4 $11.95 pb

Byelorussian-English/English-Byelorussian Concise Dictionary
1050   ISBN 0-87052-114-4 $9.95 pb

Czech-English/English-Czech Concise Dictionary
0276   ISBN 0-87052-981-1 $11.95 pb

Estonian-English/English-Estonian Concise Dictionary
1010   ISBN 0-87052-081-4 $11.95 pb

Latvian-English/English-Latvian Dictionary
0194   ISBN 0-7818-0059-5 $14.95 pb

Lithuanian-English/English-Lithuanian Concise Dictionary
0489   ISBN 0-7818-0151-6 $11.95 pb

Russian-English/English-Russian Standard Dictionary
0440   ISBN 0-7818-0083-8 $16.95 pb

English-Russian Standard Dictionary
1025   ISBN 0-87052-100-4 $11.95 pb

Russian-English/English-Russian Concise Dictionary
0262   ISBN 0-7818-0132-X $11.95 pb

Slovak-English/English-Slovak Concise Dictionary
1052   ISBN 0-87052-115-2 $9.95 pb

Ukrainian-English/English Ukrainian Practical Dictionary
1055   ISBN 0-87052-306-0 $11.95 pb

Ukrainian-English Standard Dictionary
0006   ISBN 0-7818-0189-3 $14.95 pb

(All prices subject to change.)

TO PURCHASE HIPPOCRENE BOOKS contact your local bookstore, or write to: HIPPOCRENE BOOKS, 171 Madison Avenue, New York, NY 10016. Please enclose check or money order, adding $4.00 shipping (UPS) for the first book and $.50 for each additional book.

Self-Taught Audio Language Course